W0319300

In dieser Reihe sind
bisher erschienen:

Richtig Badminton
Richtig Basketballspielen
Richtig Freiklettern
Richtig Fußballspielen
Richtig Golf
Richtig Golf länger und genauer
Richtig Golf rund ums Grün
Richtig Inline-Skating
Richtig Jogging
Richtig Karate
Richtig Mountainbiken
Richtig Muskeltraining
Richtig Paragliding
Richtig Reiten
Richtig Rennradfahren
Richtig Schwimmen
Richtig Segeln
Richtig Skifahren
Richtig Skilanglaufen
Richtig Snowboarding
Richtig Stretching
Richtig Taekwondo
Richtig Tanzen 1
Richtig Tanzen 2
Richtig Tanzen 3
Richtig Tauchen
Richtig Tennisspielen
Richtig Tennistraining
Richtig Tischtennis
Richtig Walking
Richtig Yoga

Gertrude Krombholz
Astrid Leis-Haase

Richtig Tanzen 1

Samba, Cha-Cha-Cha, Rumba, Paso Doble, Jive, Mambo/Salsa

Lateinamerikanische Tänze von den Grundformen zu den Tanzabzeichen

BLV SPORTPRAXIS TOP

BLV

Die Deutsche Bibliothek – CIP-Einheitsaufnahme

Richtig tanzen / Gertrude Krombholz ; Astrid Leis-Haase. – München ; Wien ; Zürich : BLV.
(BLV-Sportpraxis : Top)
NE: Krombholz, Gertrude; Leis-Haase, Astrid

1. Samba, Cha-Cha-Cha, Rumba, Paso Doble, Jive, Mambo/Salsa: lateinamerikanische Tänze von den Grundformen zu den Tanzabzeichen. – 4., durchges. Aufl. – 1999
ISBN 3-405-14428-0

Demonstratoren
Christian Brombach, Kerstin Hölters-Gewehr, Peter Hölters, Astrid Leis-Haase

Bildnachweis
Alle Fotos von Horst Krause, Gertrude Krombholz, Helmuth Leis außer Klaus Hallen S. 157
IFA-Bilderteam S. 9
Karin Moos S. 2/3, 17, 39, 43, 63, 67, 81, 153
Tanzschule Neubeck S. 129
Lothar Scheschonka S. 21, 83
Z. Zeiger S. 87, 105

Computergrafik: Polytext GmbH, München
Umschlagfotos:
Klaus Hallen (Vorderseite)
Horst Krause (Rückseite)

BLV Verlagsgesellschaft mbH
München Wien Zürich
80797 München

BLV Sportpraxis Top

Vierte, durchgesehene Auflage

Druck: Appl, Wemding
Bindung: Conzella, Urban Meister, München

Gedruckt auf chlorfrei gebleichtem Papier

Printed in Germany · ISBN 3-405-14428-0

Dr. Gertrude Krombholz: Leitende Akademische Direktorin, Leiterin der Abteilung Sportlehrerausbildung und Leiterin des Fachgebiets Gymnastik, Tanz, Musik und Bewegung an der Technischen Universität München (i. R.).
Tänzerische Ausbildung im In- und Ausland, u. a. im Gesellschaftstanz bei Paul Krebs/Nürnberg; ADTV-Tanzlehrerin. Seit 36 Jahren Dozentin für Tanz in der Sportlehrerausbildung und in Freizeitgruppen mit Studenten, Kindern und Jugendlichen, Senioren und Behinderten. Initiatorin des integrativen Rollstuhltanzes in Deutschland. Referenten- und Lehrgangstätigkeit bei Kongressen und Fortbildungsveranstaltungen im In- und Ausland. Leiterin und Choreographin vieler Vorführungen mit den Tanzgruppen der Technischen Universität München bei Sport- und Tanzveranstaltungen im In- und Ausland. Wertungsrichtertätigkeit bei vielen Tanzveranstaltungen. Zahlreiche Veröffentlichungen im Bereich Gymnastik und Tanz, in der Sportdidaktik und -geschichte.

Astrid Leis-Haase: Selbständige ADTV-Tanzlehrerin und geprüfte Tanzsporttrainerin in München. Ihre Schwerpunkte sind Gesellschafts- und Turniertänze aller Leistungsstufen, Steptanz, moderne Bewegungstechniken und Schautanzchoreographie. Als Amateurtanzsportlerin 1973 in der D-Klasse begonnen, nach 2 Jahren als Deutsche A-Klassenmeisterin Latein die Sonderklasse erreicht. Aufnahme in den Nationalkader, internationale Wettkämpfe. 1977 mit dem 3. Platz der deutschen Lateinmeisterschaft und als Mitteleuropäische Vizemeisterin die Amateurlaufbahn beendet.
Nach einem längeren Aufenthalt in den USA und Schulabschluß in Krefeld, Studium der Fächer Englisch und Philosophie an der Universität Düsseldorf. Das Hobby wurde zum Beruf. Tanzlehrerausbildung bei Ernst Fern, Düsseldorf, Tanzsporttrainerausbildung bei Rudi Trautz und Rainer Salmen/Augsburg.
Seit 20 Jahren als selbständige Tanzlehrerin im Münchner Norden aktiv.
Weitere Veröffentlichungen im Bereich Gesellschaftstanz.

Vorwort

Die **Lateinamerikanischen Tänze** erfreuen sich in den letzten Jahren wachsender Beliebtheit, vor allem bei jungen Leuten, da diese Tänze lebhaft, fröhlich, ausdrucksstark und in Tanzhaltung, Tanzrichtung und Choreographie freier gestaltet sind als die Standardtänze. Für sie benötigt man weniger Platz, und man kann sich trotzdem stärker »austanzen«. Die Lateinamerikanischen Tänze sind aufregend erotisch, sie beteiligen den ganzen Körper und drücken Liebe, Haß und Lebensfreude aus. Sie sind unserem unterschwelligen europäischen Temperament etwas fremd, daher technisch schwieriger, aber wegen ihrer temperamentvollen Rhythmik heiß begehrt.
Viele Tänzer aber sind unsicher, wie sie die lateinamerikanische Musik interpretieren sollen, sie wissen wenig über Herkunft, Charakter und Figurenreichtum der Tänze.
Dieses Buch richtet sich an die große Zahl der Freizeittänzer und Breitensportler, die Tanzen lernen zu ihrem gemeinsamen Hobby erklärt und bereits einen oder mehrere Tanzkurse absolviert haben, vielleicht sogar Mitglieder in Tanzkreisen oder Tanzclubs sind. Ihnen wollen wir helfen, sich der erlernten Figuren und Elemente zu erinnern, selbst weiterzuüben und eigene Figurenfolgen zusammenzustellen.
Die Auswahl der Tanzfiguren wurde so getroffen, daß sie sowohl für das Deutsche Tanzabzeichen des Allgemeinen Deutschen Tanzlehrerverbandes (ADTV) als auch für das Tanzsportabzeichen des Deutschen Tanzsportverbandes (DTV) eine Grundlage bilden können.
Die theoretische Darstellung von Tanzfiguren wird jedoch keineswegs den Tanzunterricht durch ausgebildete Lehrkräfte und die Tanzpraxis ersetzen können; denn vor allem durch Übung entstehen Selbstsicherheit, Lässigkeit und Eleganz der Bewegung. Erst dann kann man seinen Tanzpartner und das gemeinsame Interpretieren der Musik richtig genießen.

Herzlicher Dank geht an die Demonstratoren und Fotografen, die zum Gelingen der tanztechnischen Fotos beigetragen haben.
Besonderer Dank gilt auch allen Tanzpaaren, insbesondere Olga und Ralf Müller, die das Titelbild stellten, den Tanzschulen und Fotostudios, die freundlicherweise Schmuckfotos zur Verfügung gestellt haben.

Gertrude Krombholz — *Astrid Leis-Haase*

Inhalt

Woher kommen die Lateinamerikanischen Tänze?

Im Tanzsport werden heute zwei Sektionen bei nationalen und internationalen Turnieren unterschieden: die **Standardtänze** und die sog. **Lateinamerikanischen Tänze.**
Die Standardtänze, die bereits seit den zwanziger Jahren in Wettbewerben getanzt werden, umfassen den Langsamen Walzer, Tango, Wiener Walzer, Langsamen Foxtrott und Quickstep.
Als Lateinamerikanische Tänze werden derzeit Samba, Cha-Cha-Cha, Rumba, Paso Doble und Jive bezeichnet, die seit 1968 zum Turnierprogramm gehören.
Aufgrund des Ursprungs der Tänze Samba, Cha-Cha-Cha, Rumba, Paso Doble und Jive ist das Wort »Lateinamerikanische Tänze« als Oberbegriff kritisch zu sehen. Wirklich lateinamerikanischer Herkunft sind nur Samba und Rumba, auch der jetzt durch die neueste Filmwelle wieder aktuell gewordene Mambo. Der Cha-Cha-Cha, ein aus dem Mambo konstruierter Tanz, könnte im erweiterten Sinne noch dazu gerechnet werden. Der Jive ist in seiner heutigen Form ein Produkt englischer Tanzlehrer, die damit den in den USA aus afrikanischen Bewegungselementen entstandenen Boogie(-Woogie), Jitterbug und Rock'n'Roll gesellschaftsfähig machten; man könnte ihn als nordamerikanischen Tanz bezeichnen. Der Paso Doble ist ursprünglich ein spanischer Tanz, der von französischen Tanzlehrern und Turniertänzern zu seiner jetzigen Form stilisiert wurde. Nach dieser Analyse müßte man daher von »Latein-, Nordamerikanischen und Spanischen Tänzen« sprechen, ein zu langer Name in der praktischen Anwendung, so daß auch in diesem Buch die in Tanzsportkreisen üblichen Begriffe »Lateinamerikanische Tänze« und »Latein« verwendet werden.
Der Ursprung und die Entwicklung der in diesem Buch beschriebenen Tänze kann man den einzelnen Tanz-Kapiteln entnehmen, so daß hier nur ein kurzer Überblick über die Gesamtentwicklung gegeben wird.
Die Heimat der echten lateinamerikanischen Tänze, wie u. a. Samba, Rumba und Mambo ist in Afrika zu suchen. Dort lebte der Tanz in Kriegs- und Fruchtbarkeitstänzen, bei Liebesspielen, bei Hochzeits- und Erntefesten. In verschiedenen Ausdrucksformen stellt sich das stationäre »binnenkörperliche« Tanzen nach polymetrischer und polyrhythmischer Musik dar. Als das dominierende Bewegungsgesetz galt die Isolation der einzelnen Körperteile, im Gegensatz zum europäischen Tanz, bei dem alle Bewegungen vom Körperzentrum aus gelenkt werden. Die polyzentrische Iso-

Afrikanischer Tanz, Giriama-Tänzer aus Kenia

lation lag als Prinzip der afrikanischen Ekstasetechnik zugrunde, zu der noch die richtige Spannung in den einzelnen Körperzentren kam.
Der afrikanische Tanz wurde als Kulturgut von den schätzungsweise 40 Millionen Sklaven im 17. und 18. Jahrhundert mit in die neue Heimat, nach Südamerika und nach Westindien (Karibik) mitgenommen. Die Verschmelzung afrikanischer Kultur- und auch Tanzelemente mit den spanisch-portugiesischen kann als fruchtbringend angesehen werden, aufgrund der sozial-religiösen Stellung der Schwarzen. Dagegen brauchten die nach Nordamerika ausgesiedelten Schwarzen eine längere Anlaufzeit, bis ihr schwarzer Tanzstil von den Weißen akzeptiert wurde. Erst Ende des 19. Jahrhunderts begann die Verschmelzung schwarzer und weißer Bewegungselemente zu dem afroamerikanischen Tanzstil, der unterstützt von der damaligen Musik die große Jazz-Periode einleitete. Cakewalk war der erste Tanz, der Anfang des 20. Jahrhunderts als afroamerikanischer Vorbote Europa erreichte, gefolgt von den Modetänzen Onestep, Jimmy, Charleston, Black Bottom.
Die Ansätze lateinamerikanischer Tänze waren in Europa in den zwanziger bzw. dreißiger Jahren zu sehen, als Samba 1924/25 und Rumba 1931 das erste Mal in den Ballsälen auftauchte. Wie auch der in den vierziger Jahren präsente Boogie und Jitterbug setzten sich diese Tänze als zu artfremd nicht durch, zu groß war noch die Vorherrschaft der in England stilisierten »Standard«tänze.
Erst nach dem Zweiten Weltkrieg, vor allem aber in den fünfziger Jahren erfolgte der große Durchbruch der aus den USA importierten Tänze. Es waren vor allem die Franzosen, die Samba, Rumba, Mambo und Cha-Cha-Cha sowie den spanischen Paso Doble formten, ohne ihren Charakter entscheidend zu verändern. Es ist insbesondere Lucien David aus Lyon zu nennen, der zusammen mit bekannten französischen Turniertänzern, u. a. mit dem Pariser Roger Ronneaux, die Grundlage für das lateinamerikanische Tanzen schuf. Veränderungen zu dem bis dahin gebräuchlichen englischen Stil waren die offenere Tanzhaltung mit keiner oder nur begrenzter Körperberührung, die vorrangige Betonung von Hüft- und Beckenbewegungen und das fast ausschließliche Tanzen auf den Fußballen. Dazu kam eine gewisse räumliche Freiheit bei den stationären Tänzen. Bei der Interpretation und Gestaltung hatten die Tänzer viel mehr individuelle Möglichkeiten als bei den Standardtänzen. Allerdings bestand die Gefahr, daß bei dem europäischen Geschmack der ursprüngliche Charakter des Tanzes verloren ging.
Ab 1955 wurden bei den Amateuren Europameisterschaften, ab 1960 Weltmeisterschaften zunächst mit vier Tänzen durchgeführt, die anfangs ausschließlich von französischen Turnierpaaren gewonnen wurden. Auch bei den ab 1959 veranstalteten Profi-Weltmeisterschaften führten zunächst

die Franzosen. Über die Zugehörigkeit der Rumba und des Tangos herrschte unterschiedliche Meinung. Rumba wurde zunächst häufig als sechster Tanz den Standardtänzen zugeordnet, während Tango aufgrund seiner südamerikanischen Herkunft als vierter Tanz zu den Lateinamerikanischen Tänzen gehörte. Erst 1961 wurde klar entschieden, daß Tango als fünfter Turniertanz den Standardtänzen zuzuordnen sei. Gleichzeitig wurde der Cha-Cha-Cha neben Samba, Rumba, Paso Doble zum vierten Lateinamerikanischen Turniertanz erklärt. Erst 1968 bekam der Jive als fünfter Turniertanz die Anerkennung vom Weltverband der Amateurtänzer (IDSF/vormals ICAD siehe S. 151).
In einer Parallelentwicklung am Ende der fünfziger Jahre ist auch die Aufnahme der Lateinamerikanischen Tänze in das Programm der Tanzschulen zu sehen. Vor allem die Jugend war von den neuen vielfältigen, rhythmischen Tanzmöglichkeiten begeistert. Explosionsartig füllten sich die Tanzlokale, in denen Musik mit afroamerikanischer Polyrhythmik gespielt wurde. Auch die Schallplattenindustrie brachte ständig neue Anregungen mit importierter Musik. Eine Motivation für alle Tänzer war sicher auch das 1962 eingeführte Welttanzprogramm, siehe S. 149. Der Weltverband der Tanzlehrer (ICBD siehe S. 149) hatte einer Vereinheitlichung des Anfänger- und Fortgeschrittenenprogramms der Tanzschulen in elf Tänzen zugestimmt. Es enthielt die Lateinamerikanischen Tänze Samba, Rumba, Cha-Cha-Cha und Paso Doble; später kam Jive noch hinzu.
Der technischen Formung der Lateinamerikanischen Tänze nahmen sich neben den Franzosen auch die Engländer an. Zum Teil kam es zu schweren Streitigkeiten um die Grundelemente eines Tanzes, wie z. B. bei den zwei »Rumbakriegen« (siehe S. 64).
Die englischen Tanzlehrer waren es schließlich, die für die Lateinamerikanischen Tänze die heute gültige Technikgrundlage schufen. Walter Laird legte mit seinem 1964 erstmals erschienenen Buch »Technique of Latin American Dancing« den Grundstein. Inzwischen ist das von der »Imperial Society of Teachers of Dancing«, der englischen Tanzlehrerorganisation 1974 herausgegebene und laufend überarbeitete Lehrbuch »The Revised Technique of Latin American Dancing« die Grundlage für alle Tanzlehrer und Turniertänzer der Welt geworden.

»Tanzen macht Spaß«

Wie tanzt man die Lateinamerikanischen Tänze?

Charakter

Lateinbewegungen werden weniger raumgreifend getanzt, geschehen vornehmlich am Platz und eignen sich deshalb besonders gut für enge Tanzflächen. Ausgenommen davon sind die Fortbewegungsfiguren von Samba und Paso Doble. Mit wenigen Ausnahmen wird jeder Schritt auf dem Ballen des Fußes angesetzt und am Ende auf den flachen Fuß abgesenkt. Als auffälligste Bewegung sei die lateinamerikanische Hüftaktion genannt, die automatisch entsteht, wenn ein voll belastetes Bein extrem durchgestreckt wird. Bei allen Lateinamerikanischen Tänzen sind Körper- und Armbewegungen ausgeprägter als in den Standardtänzen.

Musik und Rhythmus

Die reizvolle Musik der Lateinamerikanischen Tänze ist einer der Gründe, warum diese Tänze so beliebt und immer wieder modern sind. Es gibt sogenannte klassische Tanzmusik, gespielt von großen Tanzorchestern im strikten Tanzrhythmus (siehe S. 154), man kann aber auch auf vielen Pop-Schallplatten gute Musikstücke finden, die sich für Samba, Cha-Cha-Cha, Rumba, Jive und Mambo/Salsa eignen. Die afroamerikanische Musikmischung der Lateinamerikanischen Tänze mit ihren starken, rhythmischen Akzenten inspiriert die Lateintänzer dazu, auch Bewegungen aus dem Jazztanz, insbesondere Isolationsbewegungen, zu übernehmen. So tanzt man zum Beispiel in der Rumba eine sehr ausgeprägte, vom Oberkörper isolierte Hüftbewegung. Auch zeigt sich die lateinamerikanische Tanzmusik sehr anpassungsfähig, wenn es darum geht, aktuelle Musikformen, wie zum Beispiel den Mambo- oder den Disco-Sound zu integrieren. Dadurch werden natürlich auch Tanzfiguren modisch beeinflußt, bleiben aber in ihren Grundformen klar erkennbar und verändern nicht den Charakter des jeweiligen Tanzes.

Tanzhaltungen

Während man in den Standardtänzen in engem Körperkontakt miteinander tanzt, bewegt man sich in den Lateinamerikanischen Tänzen mit einem gewissen Abstand voreinander. Erst diese Distanz ermöglicht es den Tänzern, die verschiedenen Kniebewegungen, Hüftaktionen und Drehungen auszuführen.

Armpositionen

Geschlossene Armpositionen

Bei geschlossenen Armpositionen, beispielsweise bei der geschlossenen Gegenüberstellung Latein (siehe S. 14), plaziert der Herr seine rechte Hand auf dem linken Schulterblatt der Dame und hält seine linke Hand etwa in Augenhöhe. Die Dame legt ihre linke Hand ohne Gewicht auf seinen rechten Oberarm und faßt mit der rechten Hand seine linke Hand. Beide

Ellenbogen sollten sich auf gleicher Höhe befinden. Die Füße sind entweder parallel geschlossen, die rechten Fußspitzen zeigen zwischen die Füße des Partners, oder ein Fuß wird seitwärts gehalten, dabei ruht das Gewicht auf dem Standfuß. Die Körperhaltung ist aufrecht, die Köpfe sind erhoben und es besteht Blickkontakt. Es gibt allerdings auch einige Figuren, bei denen die hautnahe Tanzhaltung, geschlossene Gegenüberstellung Standard (siehe S. 14), erwünscht ist (siehe Paso Doble).

Offene Armpositionen

Bei offenen Armpositionen, beispielsweise bei der offenen Gegenüberstellung (siehe S. 14), werden die Arme in der Endposition fast gestreckt, aber nicht durchgedrückt. Sie werden leicht vor dem Körper, etwa in Taillenhöhe gehalten. Unterarme und Hände sollen eine gerade Linie bilden, während durch das leichte Anwinkeln der Ellenbogen dort eine etwas geschwungene Linie entsteht. Offene Armpositionen sollten grundsätzlich auf den Partner abgestimmt werden. Sie sollten den Charakter des jeweiligen Tanzes unterstreichen, zu der entsprechenden Figur passen, nicht statisch marionettenhaft wirken, sondern sich harmonisch und natürlich in die Bewegung einfügen.

Führung

In den Standardtänzen führt der Herr die Dame durch den Körperkontakt, in den Lateinamerikanischen Tänzen ist er auf die Armführung angewiesen. Die Dame sollte balanciert und selbständig, aber nicht ohne seine Führung tanzen. Durch Blickkontakt soll sie sensibel und durch Gegendruck in den gefaßten Händen aufnahmefähig für die vom Herrn gegebenen Impulse

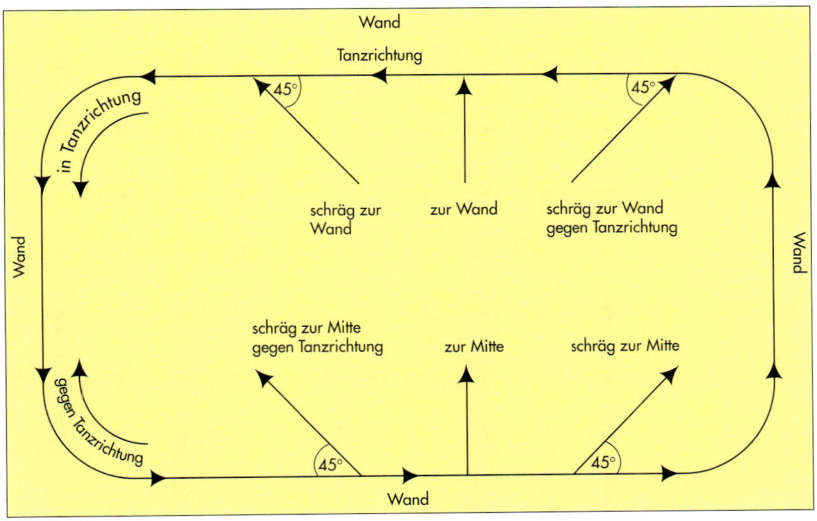

sein. Für viele Herren ist es anfangs ein Problem, die eigenen Schritte, die der Partnerin und die Führung zu koordinieren. Auch hier ist Üben der Schlüssel zum Erfolg.

Bewegungsrichtungen
Auch in den Lateinamerikanischen Tänzen verläuft die Tanzrichtung gegen den Uhrzeigersinn. Alle Fortbewegungsfiguren werden entlang dieser Tanzrichtung getanzt. Der gute Tänzer orientiert sich im Raum durch die in der Grafik auf S. 13 aufgezeigten Richtungsangaben.
Die in den Kapiteln angegebenen Startrichtungen beziehen sich auf den Herrn.

Positionen
Geschlossene Gegenüberstellung

mit Körperkontakt
Standard-Tanzhaltung

ohne Körperkontakt
Latein-Tanzhaltung

mit doppelter
Handhaltung

Offene Gegenüberstellung

LH Herr-RH Dame
gefaßt

RH-RH gefaßt
Handshake

RH Herr-LH Dame
gefaßt

Promenaden-Position

Gegenpromenaden-Position

Rückfall-Position

Fan-Position

L-Seit-Position

R-Seit-Position

L-Schatten-Position

R-Schatten-Position

Abkürzungen

Folgende Abkürzungen werden bei der Beschreibung der Figuren verwendet:

R = rechts
L = links

RF = rechter Fuß
LF = linker Fuß

RFe = rechte Ferse
LFe = linke Ferse

RSp = rechte Fußspitze
LSp = linke Fußspitze

RH = rechte Hand
LH = linke Hand

RA = rechter Arm
LA = linker Arm

RD = Rechtsdrehung
LD = Linksdrehung

F = Fuß
gF = ganzer Fuß
Fe = Ferse
Fef = Ferse flach
B = Ballen
Bf = Ballen flach
Sp = Spitze

vorw. = vorwärts
rückw. = rückwärts
seitw. = seitwärts
diag. = diagonal

schl. = schließen
geschl. = geschlossen

off. = offen
bel. = belasten
erhob. = erhoben

o. Gew. = ohne Gewicht
ausw. = auswärts
gedr. = gedreht

Lat. = Lateinamerikanische Tänze
Stand. = Standardtänze

D = Dame
H = Herr

TR = Tanzrichtung
W = Wand
Mi = Mitte
Fr = Front

Pos. = Position
Prom. = Promenaden
Rückf. = Rückfall
GÜST = Gegenüberstellung
a. P. = außenseitlich vom Partner

ent. = entlang
l. = leicht
kl. = klein
etw. = etwas
n. = nach
o. = oder
u. = und
z. = zur, zum

Wiederh. = Wiederholung

s = slow (langsam)
q = quick (schnell)

Bezifferung der Fotos:
Die in den tanztechnischen Fotos erscheinenden Zahlen beziehen sich jeweils auf die in den Figurenbeschreibungen angegebenen Schritte.

Samba

Woher kommt der Samba?

Samba ist in seinem Ursprung ein Sammelname für viele Tanzformen, die im vergangenen Jahrhundert von afrikanischen Negersklaven aus dem Kongo, dem Sudan und Angola in ihre neue Heimat Brasilien gebracht wurden.
Der Name dieser Tanzart wird von dem afrikanischen Wort »semba« (= Bezeichnung für typische Hüftbewegungen) abgeleitet. Bei den kultischen Festen vor allem der Bantuvölker stand die Ekstase, der rauschhafte Tanz im Mittelpunkt. Es dauerte einige Zeit, bis sich diese afrikanische Tanzkultur in den brasilianischen Küstenstaaten wie Rio, Sao Paulo, Pernambuco, Bahia, Maranhao durchsetzte. Bevorzugt wurde der Kreisreigen getanzt, in deren Mitte sich ein Einzeltänzer oder auch ein Paar bewegte. Die Brasilianer bezeichneten diese Tänze als Batuque, Lundu oder auch Samba, Namen, die Bewegung und Festlichkeit bedeuteten. Der »Samba de Moro«, ein Kreistanz, wird als Ausgangstanz für den modernen Samba bezeichnet.
Die Samba-Musik kann von der kultischen Musik Altafrikas abgeleitet werden; es handelt sich um eine Perkussionsmusik, polymetrisch und polyrhythmisch aufgebaut. Das Instrumentarium, ebenfalls afrikanischen Ursprungs, besteht aus Trommeln (Atabaques), Glocken (Agogos, Cenceros), Reco-Recos (Guiro, Guayo). Die lebendige, schnelle Musik regte zu tänzerischer Bewegung an. Heute beherrscht Samba das musikalische Leben Brasiliens. Der berühmte Karneval bringt jährlich eine große Zahl reizvoller Sambamelodien hervor. Als afrikanisch-portugiesische Mischform kam um 1910 die Maxixe, ein enger Paartanz, aus Brasilien nach Europa, der jedoch sich nur schwer durchsetzte. Unter dem Namen Samba tauchte dieser brasilianische Tanz in Turnierprogrammen 1924 und 1925 wieder auf, ohne großen Durchbruch.
Erst seit dem Zweiten Weltkrieg gehörte Samba zum festen Bestandteil einer jeden Tanzkapelle. Um 1948/49 erreichte er in einer sehr vereinfachten Form (Zweitschritt-Samba: Schritt vorwärts – Tap vorwärts, Schritt rückwärts – Tap rückwärts) eine große Popularität. Die Tanzschulen nahmen den Samba in ihr Programm mit Erfolg auf. Samba setzte sich auf dem Tanzparkett durch.
Die Aufnahme des Sambas in das Turnierprogramm der Lateinamerikanischen Tänze ab 1959 brachte die Wandlung vom »volkstümlichen« zum sportlichen Samba.

Wie tanzt man Samba?

Der **tänzerische Charakter** des Sambas äußert sich in: Wiegeschritten, Voltadrehungen, Rollen und Promenadenläufen. Die Paare bewegen sich wellenförmig durch den Raum (bouncend, siehe S. 20). Während die Wellenbewegung früher ausschließlich aus einem Erheben im Standbein kam (Bounce), wird sie heute von den Turniertänzern mehr durch das Vor- und Zurückschwingen des Beckens erzeugt (Contract und Release). In den europäisierten Samba sind damit nachträglich afrikanische Bewegungselemente eingedrungen. Die senkrechte Bounce-Aktion ist für den Anfang leichter zu tanzen, während die waagerechte Hüftaktion sich mehr für fortgeschrittene Samba-Tänzer eignet.
Raumgreifendes Tanzen im europäischen Stil mischt sich beim Samba mit dem »binnenkörperlichen Platztanzen« im afrikanischen Stil.

Die Grundbewegungen können stationär sein:
Belastung des Standbeins – kurzzeitige Entlastung – Rückbelastung. Die Dynamik kommt aus dem ersten Schritt. Der Schub aus dem Standbein bewirkt, daß der Körper während des rhythmischen Federns weiterfließt.

Grundhaltung

In geschlossener Gegenüberstellung Latein beträgt der Abstand zu den Füßen des Partners ca. 15 cm. In der Ausgangsposition sind die Füße entweder parallel geschlossen, die rechten Fußspitzen zeigen dabei zwischen die Füße des Partners oder ein Fuß wird seitwärts gehalten, wobei das Gewicht auf dem Standfuß ruht. Die Körper sind aufrecht, die Köpfe erhoben und es besteht Blickkontakt.
Der Herr plaziert seine rechte Hand auf dem linken Schulterblatt der Dame und hält seine linke Hand etwa in Augenhöhe. Die Dame legt ihre linke Hand ohne Gewicht auf seinen rechten Oberarm und faßt mit der rechten Hand seine linke Hand (siehe S. 14).

Musik: Mittel-schnell, leicht, unbekümmert, man denkt an Karneval in Rio, an wogende Fröhlichkeit, explodierende Lebensfreude.

Takt: 2/4

Rhythmus: slow-slow — Notenwerte / Zählweise
oder
slow-and-slow — Notenwerte / Zählweise

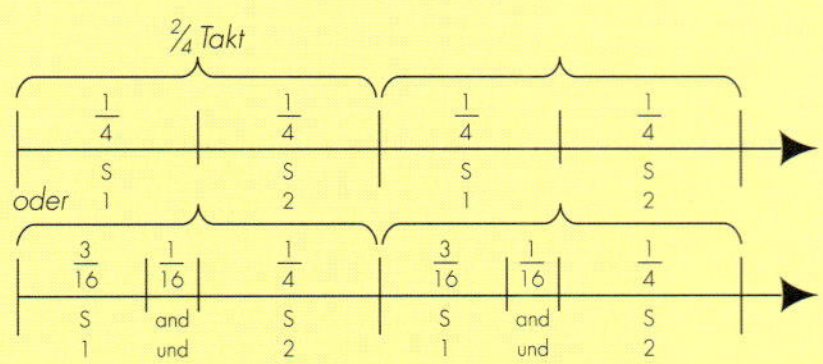

Tempo: Je nach Können 48–56 Takte pro Minute möglich.
Im Turnier: 54 Takte pro Minute.

Bewegungsrichtung
Alle Figuren bewegen sich in Tanzrichtung (siehe S. 13).

Startrichtung
Herr Front zur Wand – Dame Rücken zur Wand.

Startfüße
Herr RF vorw. – Dame LF rückw.

Fuß- und Beinarbeit
Jeder voll belastete Schritt wird mit flachem Ballen (Bf) angesetzt.
Im Samba gibt es Schritte mit vollem Gewicht, mit Teilgewicht und ohne Gewicht. Die Schritte haben nicht nur Fortbewegungsaufgaben, sie sollen vielmehr die für den Samba typischen Bounce-Bewegungen auslösen. Diese Bounce-Bewegungen entstehen durch den Einsatz der Fußgelenke und Knie.

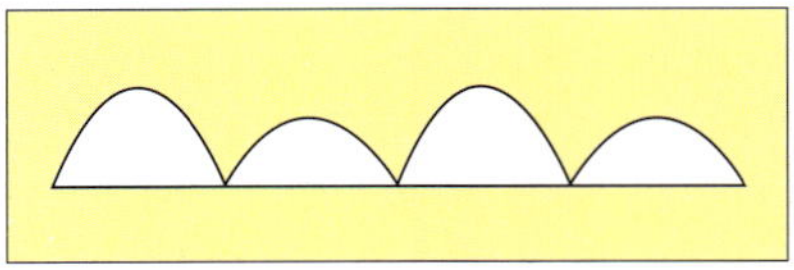

Grafische Darstellung der Bounce-Bewegung

Grundbewegungen

Basic Bounce
Unter Basic Bounce, auch Zwei-Schritt-Samba genannt, versteht man das rhythmische Federn in Füßen und Knien im Rhythmus slow-slow. Man tanzt zum Beispiel RF vorw. (slow), LF schl. ohne Gewicht, mit Druck auf dem linken Ballen (slow). Beim nächsten Takt tanzt man das gleiche rückwärts mit LF beginnend: LF rückw. (slow), RF schl. ohne Gewicht, mit Druck auf dem rechten Ballen (slow). Diese Figur wird mit flachem Ballen getanzt. Sie eignet sich besonders für das Einüben der Auf- und Ab-Bewegungen und zum »Ausruhen« zwischen den Figuren.

Alternative Basic Bounce
Unter Alternative, auch Drei-Schritt-Samba genannt, versteht man das rhythmische Federn in Füßen und Knien im Rhythmus slow-and-slow (siehe S. 22). Beim ersten Schritt geht man zum Beispiel RF vorw. mit flachem Ballen (slow). Der Tänzer drückt auf dem zweiten Schritt LF schl. (and) durch den aufgesetzten Ballen den Körper nach oben und hebt dadurch die Ferse des anderen Fußes etwas an. Auf Schritt 3 setzt man den RF wieder auf den flachen Ballen und senkt die linke Ferse ab. Dieser Schritt hat sich als der meist getanzte Grundschritt herausgestellt.

»½ Gewicht«
Unter der Bezeichnung ½-Gewicht versteht man das meist seitliche Aufsetzen eines Fußes mit dem Ballen, wobei das Körpergewicht nicht vollständig auf den Ballen übertragen, sondern zum Teil über dem unterstützenden Fuß gehalten wird (siehe »Side Samba Walk« S. 28, »Shadow Bota Fogos« S. 34). Erst beim nächsten Schritt wird das Gewicht wieder zurückübertragen.

Auswahl der Figuren
Im Samba gibt es Figuren, die mit dem RF, andere, die mit dem LF beginnen. Bei der Zusammenstellung von Figurenfolgen kann man entweder Teile von Figuren oder sogenannte »Fußwechsel« tanzen. Es wurde bewußt auf die Darstellung dieser letzteren Fußwechselmethode verzichtet, um das Aneinanderreihen der Figuren zu erleichtern. Nach dem Studium der einzelnen Figuren können die Figurenfolgen auf der S. 38 Anregung zum Üben sein. Natürlich sind auch andere Kombinationen möglich (siehe »Vorher«, »Nachher«).

Latein-Formation Bremerhaven

Natural Alternative Basic Movement

Rechts-Grundschritt

Vorher: Vor Schritt 1: Natural Alternative Basic Movement, Whisk to Left, Spot Volta, Shadow Bota Fogos.
Vor Schritt 4: Whisk to Right.

Ausgangsposition: Geschlossene Gegenüberstellung Lat., geschlossene Fußposition, Herr Front zur Wand.

Schritt	HERR	DAME	Rhythmus
1	**RF** vorw., (Bf)	**LF** rückw., (Bf)	1 slow
2	**LF** schl., (LF B, RFe etw. erhob.)	**RF** schl., (RF B, LFe etw. erhob.)	+ and
3	**RF** am Platz bel., (Bf, LFe senkt ab)	**LF** am Platz bel., (Bf, RFe senkt ab)	2 slow
4	**LF** rückw., (Bf)	**RF** vorw., (Bf)	3 slow
5	**RF** schl., (RF B, LFe etw. erhob.)	**LF** schl., (LF B, RFe etw. erhob.)	+ and
6	**LF** am Platz bel., (Bf, RFe senkt ab)	**RF** am Platz bel., (Bf, LFe senkt ab)	4 slow
			= 2 Takte

Hinweise: Von 1–6 bis zu ¼ RD oder keine Drehung.

Endposition: Geschlossene Gegenüberstellung Lat.

Nachher: Nach Schritt 6: Natural Alternative Basic Movement, Whisk to Right, Open Rocks. Nach Schritt 3: Whisk to Left.

4a

4b

5

6

1a

1b

2

3

4a

4b

5

6

Whisks to Right and Left

Wischer nach rechts und links

Vorher: Natural Alternative Basic Movement, Whisk to Left, Shadow Bota Fogos.

Ausgangsposition: Geschlossene Gegenüberstellung Lat., geschlossene Fußposition, Herr Front zur Wand.

Schritt	HERR	DAME	Rhythmus
1	**RF** seitw., (Bf)	**LF** seitw., (Bf)	1 slow
2	**LF** kreuzt hinter RF, LSp z. RFe, (LSp, RFe etw. erhob.)	**RF** kreuzt hinter LF, RSp z. LFe, (RSp, LFe etw. erhob.)	+ and
3	**RF** am Platz bel., (Bf)	**LF** am Platz bel., (Bf)	2 slow
4	**LF** seitw., (Bf)	**RF** seitw., (Bf)	3 slow
5	**RF** kreuzt hinter LF, RSp z. LFe, (RSp, LFe etw. erhob.)	**LF** kreuzt hinter RF, LSp z. RFe, (LSp, RFe etw. erhob.)	+ and
6	**LF** am Platz bel., (Bf)	**RF** am Platz bel., (Bf)	4 slow
			= 2 Takte

Hinweis: Keine Drehung.

Endposition: Geschlossene Gegenüberstellung Lat.

Nachher: Natural Alternative Basic Movement, Whisk to Right, Samba Walk in Prom. Pos. (1–3) (Herr dreht ¼ LD, Dame ¼ RD zur Prom. Pos.).

1

2

3

1

2

3

4

5

6

Samba Walks in Promenade Position

Promenaden-Samba-Schritte

Vorher: Whisk to Right, Samba Walks in Prom. Pos., Side Samba Walk.

Ausgangsposition: Promenaden Position, Bewegung geht in Tanzrichtung.

Schritt	HERR	DAME	Rhythmus
1	**LF** vorw., (Bf)	**RF** vorw., (Bf)	1 slow
2	**RF** rückw., kl. Schritt ½ Gewicht, (B)	**LF** rückw., kl. Schritt ½ Gewicht, (B)	+ and
3	**LF** etw. z. RF ziehen, (Bf)	**RF** etw. z. LF ziehen, (Bf)	2 slow
4	**RF** vorw., (Bf)	**LF** vorw., (Bf)	3 slow
5	**LF** rückw., kl. Schritt ½ Gewicht, (B)	**RF** rückw., kl. Schritt ½ Gewicht, (B)	+ and
6	**RF** etw. z. LF ziehen, (Bf)	**LF** etw. z. RF ziehen, (Bf)	4 slow
			= 2 Takte

Hinweis: Keine Drehung.

Endposition: Promenaden Position.

Nachher: Nach Schritt 6: Whisk to Left (in geschlossene Gegenüberstellung Lat. drehen), Samba Walks in Prom. Pos. Nach Schritt 3: Side Samba Walk.

1

2

3

1

2

3

4

5

6

Side Samba Walk *Seit-Samba-Schritt*

Vorher: Samba Walks in Promenade Position.

Ausgangsposition: Promenaden-Position, Bewegung geht in Tanzrichtung.

Schritt	HERR	DAME	Rhythmus
1	**RF** vorw., (Bf)	**LF** vorw., (Bf)	1 slow
2	**LF** seitw. ½ Gewicht, (B)	**RF** seitw. ½ Gewicht, (B)	+ and
3	**RF** etw. z. LF ziehen, (Bf)	**LF** etw. z. RF ziehen, (Bf)	2 slow
			= 1 Takt

Hinweise: Keine Drehung oder ⅛ Drehung zueinander zwischen Schritt 2 und 3, wenn Shadow Bota Fogos oder Criss Cross folgen.

Endposition: Promenaden-Position oder eine andere offene Position, je nach Schrittverbindung.

Nachher: Wenn nicht gedreht wird, Samba Walks in Promenade Position. Wenn ⅛ zueinander gedreht wird, Shadow Bota Fogos, Criss Cross, Spot Volta.

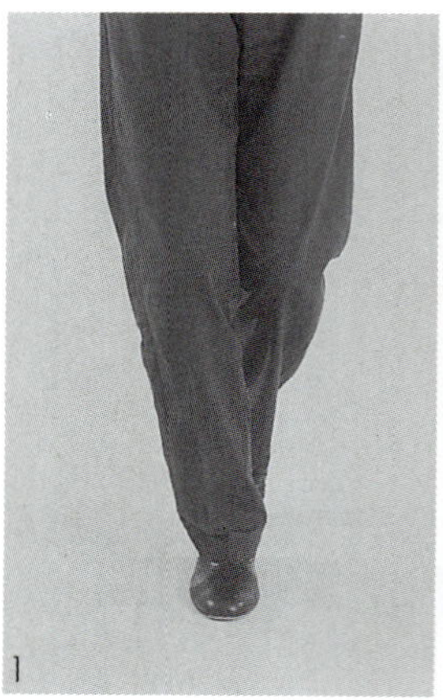
1

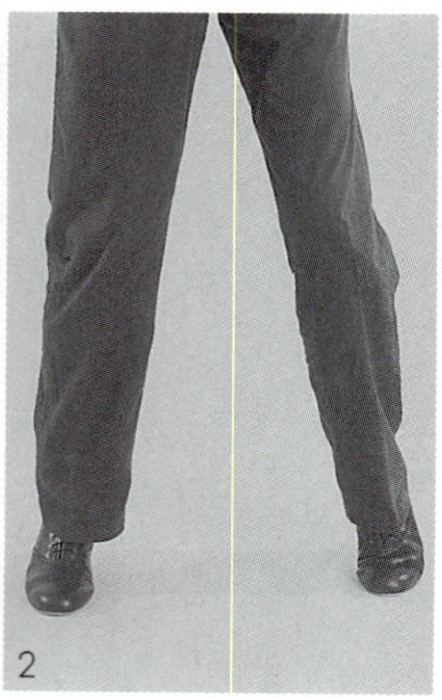
2

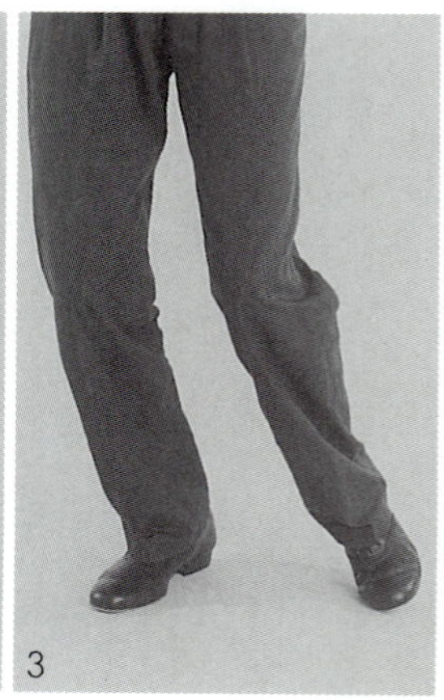
3

1

2

3

oder

3

Reverse Turn Linksdrehung

Vorher: Natural Alternative Basic Movement (1–3), Reverse Turn, Open Rock (1–3).

Ausgangsposition: Geschlossene Gegenüberstellung Lat. oder Stand., Herr Front in Tanzrichtung, Bewegung geht in Tanzrichtung.

Schritt	HERR		DAME		Rhythmus
1	**LF** vorw., (Bf)	½ LD	**RF** rückw., etw. n. R, (Bf)	½ LD	1 slow
2	**RF** seitw., etw. rückw., (B)		**LFe** schl. nahe RFe, (Bf)		+ and
3	**LF** kreuzt vor RF, RSp ausw. gedr., (Bf)		**RF** schl., (Bf)		2 slow
4	**RF** rückw., etw. n. R, (Bf)	½ LD	**LF** vorw., (Bf)	½ LD	3 slow
5	**LFe** schl. nahe RFe, (Bf)		**RF** seitw., etw. rückw., (B)		+ and
6	**RF** schl., (Bf)		**LF** kreuzt vor RF, RSp ausw. gedr., (Bf)		4 slow
					= 2 Takte

Hinweise: Als Variation kann diese Figur im Rhythmus »slow-quick-quick« ohne Bounce, getanzt werden.
Der Drehschwung wird durch leichte Körperneigungen unterstützt.
Schritte 2 und 3, Herr nach links – Dame nach rechts
Schritte 5 und 6, Herr nach rechts – Dame nach links.

Endposition: Geschlossene Gegenüberstellung Lat. oder Stand., Herr Front diagonal zur Wand.

Nachher: Whisk to Left, Reverse Turn, Spot Volta nach rechts.

1

2

3

4

5

6

Volta Movements Volta-Bewegungen

1. Volta Turning to Left and Right Volta-Drehung nach links und rechts

Vorher: Natural Alternative Basic Movement (1–6) oder (1–3), Whisk to Right or Left, Side Samba Walk.

Ausgangsposition: Geschlossene oder offene Gegenüberstellung oder Promenaden-Position.

Schritt	Volta to Left	Volta to Right	Rhythmus
1	**LF** kreuzt vor RF, LFe z. RSp, (Bf)	**RF** kreuzt vor LF, RFe z. LSp, (Bf)	1 slow
2	**RF** seitw. etw. rückw., Sp ausw. gedr., (B)	**LF** seitw. etw. rückw., Sp. ausw. gedr., (B)	+ and
3	**LF** kreuzt vor RF, LFe z. RSp, (Bf mit ständigem Bodenkontakt)	**RF** kreuzt vor LF, RFe z. LSp, (Bf mit ständigem Bodenkontakt)	2 slow
4	Wiederh. Schritt 2	Wiederh. Schritt 2	+ and
5	Wiederh. Schritt 3	Wiederh. Schritt 3	3 slow
6	Wiederh. Schritt 2	Wiederh. Schritt 2	+ and
7	Wiederh. Schritt 3	Wiederh. Schritt 3	4 slow
8	Wiederh. Schritt 2	Wiederh. Schritt 2	+ and
			= 2 Takte

Hinweise: Von 1–8 bis zu 2 ganze LD bzw. RD.

Endposition: Endhaltung und Richtung entsprechend der Schrittverbindung.

Nachher: Volta Movements. Nach Schritt 7: Alternative Basic Movement (4–6) oder (1–3), Whisks to Left and Right, Samba Walks in Promenade Position, Side Samba Walk.

2. Spot Volta Volta-Platzdrehung

Bei dieser Volta bleibt der Ballen des vorderen Fußes am Platz, es werden über die Schritte 1–8 zwei ganze Drehungen bzw. eine ganze Drehung über die Schritte 1–4 getanzt. Herr und Dame können entweder mit dem gleichen oder mit dem entgegengesetzten Fuß beginnen, entweder in die gleiche (Abb. 1) oder entgegengesetzte Richtung (Abb. 2) drehen.

1

2

3. Travelling Volta (Criss Cross) Fortlaufende Volta

Diese Volta wird nach rechts oder links kurvend, mit jeweils 3/8 Drehung über die Schritte 1–7, getanzt. Herr und Dame können sie entweder

- in Schattenposition mit gleichen Startfüßen nach rechts Kurven (Abb. 3),
- in Schattenposition mit gleichen Startfüßen nach links Kurven (Abb. 4)
- Criss-Cross: Aus offener GÜST mit entgegengesetzten Füßen beginnen. Hier tanzt die Dame unter den erhobenen, gefaßten Händen (linke Hand Herr/rechte Hand Dame) vorne am Herrn vorbei. Während die Dame nach rechts kurvt dreht der Herr nach links bzw. umgekehrt.

3

4

Shadow Bota Fogos *Schatten Bota Fogos*

Vorher: Side Samba Walk, Travelling Volta/»Criss Cross«.

Ausgangsposition: Promenaden Position, Dame etwas vor dem Herrn, der die rechte Hand gelöst hat, Bewegung geht in Tanzrichtung.

Schritt	HERR		DAME		Rhythmus
1	**LF** vorw., (Bf)		**RF** vorw., (Bf)		1 slow
2	**RF** seitw. mit ½ Gewicht, (B)	¼ LD	**LF** seitw. mit ½ Gewicht, (B)	¼ RD	+ and
3	**LF** vorw. am Platz bel. (Bf)		**RF** vorw. am Platz bel. (Bf)		2 slow
4	**RF** vorw., (Bf)		**LF** vorw., (Bf)		3 slow
5	**LF** seitw. mit ½ Gewicht, (B)	¼ RD	**RF** seitw. mit ½ Gewicht, (B)	¼ LD	+ and
6	**RF** vorw. am Platz bel., (Bf)		**LF** vorw. am Platz bel., (Bf)		4 slow
7	**LF**		**RF**		5 slow
8	**RF** Samba Walk am Platz		**LF** Spot Volta to R	¾ RD	+ and
9	**LF**		**RF**		6 slow
					= 3 Takte

Hinweise: Die Drehung von 7–9 kann für den Herrn ⅛ RD, für die Dame bis 1⅛ RD sein.

Führung: Der Herr führt bei Schritt 1, mit seiner linken Hand, die Dame unter seinem erhobenen linken Arm in ihre RD, bei Schritt 4 in ihre LD und bei Schritt 7 in ihre RD.

Endposition: Geschlossene Gegenüberstellung Lat., Rechte-Seit-Position, Promenaden-Position.

Nachher: Natural Alternative Basic Movement, Whisk to Right, Samba Walks in Promenade Position.

1

2

3

4

5

6

7

8

9

Open Rocks *Offene Wiegeschritte*

Vorher: Natural Alternative Basic Movement, Open Rocks.

Ausgangsposition: Geschlossene Gegenüberstellung Lat., Herr Front in Tanzrichtung, Bewegung geht in Tanzrichtung.

Schritt	HERR	DAME		Rhythmus
1	**RF** vorw., (Bf)	**LF** rückw., (Bf)	¼ RD	1 slow
2	**LF** vorw., (Bf)	**RF** rückw., kl. Schritt, Sp auswärts gedreht, (B)		+ and
3	**RF** am Platz bel., (Bf)	**LF** am Platz bel., (Bf)	⅜ LD	2 slow
4	**LF** vorw., (Bf)	**RF** rückw., etw. seitw., (Bf)		3 slow
5	**RF** vorw., (Bf)	**LF** rückw., kl. Schritt, Sp auswärts gedreht, (B)		+ and
6	**LF** am Platz bel., (Bf)	**RF** am Platz bel., (Bf)	⅛ RD	4 slow
				= 2 Takte

Hinweise: Kein Bounce. Bei 6 beginnt die Dame nach R zu drehen, sie kehrt in die Endposition erst bei Schritt 1 der nächsten Figur zurück. Soll zwischen 6 und 1 ein weiterer Open Rock getanzt werden, dreht die Dame ¼ RD.

Führung: Durch den Gegendruck beider Partner in den gefaßten Händen, führt der Herr die Dame bei Schritt 1 in ihre RD und löst nun die gefaßten Hände. Bei Schritt 2 unterstützt er ihre Bewegung mit seiner R Hand und dreht die Dame bei 3 und 4 dadurch in ihre LD. Die Dame legt ihre R Hand auf die L Schulter des Herrn und löst sofort danach ihre L Hand. Der Herr löst die R Hand und legt seine L Hand auf ihren Rücken, um die Dame bei Schritt 5 damit zu unterstützen. Er dreht sie bei Schritt 6 nach R und löst wieder die L Hand.
Wenn eine rechtsdrehende Figur folgen soll, wird die normale Haltung bei Schritt 1 wieder eingenommen. Soll aber, nach Schritt 3, eine linksdrehende Figur angeschlossen werden, wird bei Schritt 1 der neuen Figur die L Hand wieder in die normale Haltung genommen. Wird ein weiterer Open Rock getanzt, legt die Dame ihre L Hand auf die R Schulter des Herrn und löst sofort danach ihre R Hand.

Endposition: Geschlossene Gegenüberstellung Lat.

Nachher: Nach Schritt 6: Natural Alternative Basic Movement, Open Rocks. Nach Schritt 3: Reverse Turn.

1

2

3

4

5

6

Figurenfolgen

Aus den bisher beschriebenen Figuren werden drei Figurenfolgen vorgeschlagen.
Sie sind so zusammengestellt, daß sie entweder in sich wiederholt werden können oder dem Leistungsstand entsprechend auch hintereinander getanzt werden können.

Figuren		***Schritte***	***Takte***
Folge 1			
Natural Alternative Basic Movement	→ S. 22	(1–6, 1–6)	4
Wisks to Right and Left	→ S. 24	(1–6, 1–3)	3
Samba Walks in Promenaden Position	→ S. 26	(1–3)	1
Side Samba Walk	→ S. 28	(1–3)	1
Samba Walks in Promenaden Position	→ S. 26	(1–3)	1
Side Samba Walk	→ S. 28	(1–3)	1
Herr: Spot Volta to Left	→ S. 33	(1–3)	1
Dame: Spot Volta to Right			
			12
Folge 2			
Natural Alternative Basic Movement	→ S. 22	(1–6)	2
Wisk to Right	→ S. 24	(1–3)	1
Samba Walks in Promenaden Position	→ S. 26	(1–3)	1
Side Samba Walk	→ S. 28	(1–3)	1
Travelling Volta (Criss Cross)	→ S. 33	(1–7, 1–7)	4
Shadow Bota Fogos	→ S. 34	(1–9)	3
			12
Folge 3			
Natural Alternative Basic Movement	→ S. 22	(1–6, 1–6)	4
Open Rocks	→ S. 36	(1–6, 1–3)	3
Reverse Turn (1¾ LD)	→ S. 30	(1–6, 1–6)	4
Spot Volta	→ S. 33	(1–3)	1
Herr: to Left, Dame: to Right			
			12

Lydia Weisser/Ralf Lephene, Bonn

Cha-Cha-Cha

Woher kommt der Cha-Cha-Cha?

Cha-Cha-Cha gehört zu den jüngsten Erscheinungen in der Entwicklung der afrokubanischen Musik. Wie der Mambo war Cha-Cha-Cha zunächst nur eine musikalische Form.

Der Tanz Cha-Cha-Cha gilt als eine künstliche Schöpfung, als eine aus der Rumba und dem Mambo entstandene Abart. Als Erfinder wird der kubanische Musiker Enrique Jorrin aus Habana genannt, der 1953 anstelle des zu schnell gespielten Mambos, der sich nicht so recht durchsetzen konnte, den langsameren Mambo-Cha-Cha-Cha kreierte. Das Palladium auf dem Broadway in New York City wird als die Geburtsstätte des Cha-Cha-Cha bezeichnet.

Das Wort Cha-Cha-Cha kann als rhythmischer Bestandteil der Musik, als eine Art Triole, angesehen werden, die von den Musikern deutlich »gesprochen« und von den Tänzern mit drei kleinen Schritten »interpretiert« wird.

Von Kuba ausgehend erfaßte Musik und Tanz zunächst Nordamerika, wo Cha-Cha-Cha ab 1954 der Modetanz Nummer eins wurde. Aber auch Europa war für alle lateinamerikanischen Musik- und Tanzneuheiten aufgeschlossen. In Deutschland wurde der Cha-Cha-Cha erstmals 1957 als Modetanz auf dem Kongreß des Allgemeinen Deutschen Tanzlehrerverbandes von Gerd und Traute Hädrich vorgestellt. Aufgrund seines klaren Rhythmus, seiner variationsreichen heiteren Figuren schaffte der Cha-Cha-Cha sehr schnell den Durchbruch. Als vierter Lateinamerikanischer Tanz wurde er 1961 in das Turnierprogramm aufgenommen.

Heute gehört der Cha-Cha-Cha auf der ganzen Welt bei allen Altersstufen zu einem der beliebtesten Tänze.

Schallplatten mit den Altmeistern Bernhold, Irvine, Neubeck, Ronnaux

Wie tanzt man Cha-Cha-Cha?

Der **tänzerische Charakter** des Cha-Cha-Cha äußert sich ähnlich wie in der Rumba als erotisches Spiel, als amüsanter, koketter Flirt. Man bindet sich nicht, man gefällt sich, man ist entzückt voneinander, man brilliert. Man ist sich seiner Sache sicher, spielt ein bißchen mit dem Partner oder auch mit dem Publikum. Nichts ist ernst gemeint, alles ist keck, fröhlich, perlend wie Sekt, ausgelassen und übermütig.

Grundhaltung

In geschlossener Gegenüberstellung Latein beträgt der Abstand zu den Füßen des Partners ca. 15 cm. In der Ausgangsposition sind die Füße entweder parallel geschlossen, die rechten Fußspitzen zeigen dabei zwischen die Füße des Partners, oder ein Fuß wird seitwärts gehalten, wobei das Gewicht auf dem Standfuß ruht. Die Körper sind aufrecht, die Köpfe gehoben und es besteht Blickkontakt. Der Herr plaziert seine rechte Hand auf dem linken Schulterblatt der Dame und hält seine linke Hand etwa in Augenhöhe. Die Dame hat ihre linke Hand ohne Gewicht auf seinem rechten Oberarm und legt ihre rechte Hand in seine linke Hand (siehe S. 14).

Bewegungsrichtung

Der Cha-Cha-Cha ist ein stationärer Tanz, der weitgehend am Platz getanzt wird.

Startrichtung

Der Cha-Cha-Cha kann in jeder Richtung begonnen werden. Zur eigenen Orientierung ist es zu empfehlen, daß der Herr Front in Tanzrichtung anfängt.

Startfüße

Der fortgeschrittene Cha-Cha-Cha-Tänzer beginnt, wie in den nachfolgenden Figuren beschrieben, auf dem

Musik: Schnell, temperamentvoll, kokett, frech, akzentuiert, staccato. Außer der klassischen Turniermusik können auch viele Popstücke mit Cha-Cha-Cha interpretiert werden.

Takt: $^4/_4$

Rhythmus:

2-3-4-und-1,
slow-slow-quick-quick-slow

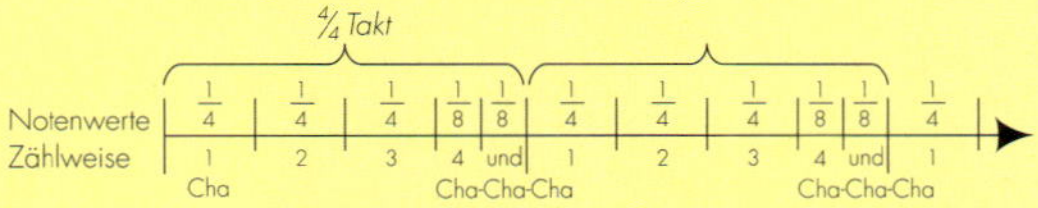

Tempo: Je nach Können 32–34 Takte pro Minute möglich. Im Turnier 32 Takte pro Minute.

Chasse nach links

zweiten Taktschlag, der Herr mit LF vorw., die Dame RF rückw. Für den Anfänger ist der Einsatz auf 2 zu schwierig. Für ihn ist es günstiger, mit dem ersten Taktschlag in der Musik zu beginnen, also auf dem dritten »Cha« einen Schritt vorweg zu tanzen. Man nennt diesen Schritt auch »Startschritt«. Der Herr tanzt dabei mit dem RF, die Dame LF klein seitw.

Fußarbeit

Jeder Schritt wird auf dem Ballen des Fußes (B) angesetzt und am Ende auf den flachen Fuß abgesenkt (Bf).

Beinarbeit

Die durchgestreckten Beine, bzw. Knie, sind ein Markenzeichen des Cha-Cha-Chas und setzen den musikalischen Staccato-Effekt in eine entschlossene, hart akzentuierte Bewegung um. Die Beine werden, trotz der schnellen Musik, bei »1, 2, 3« gestreckt und erst bei den ⅛-Schlägen »4-und« gebeugt getanzt.

Hüftarbeit

Hüftaktionen bei den Taktschlägen 1, 2, 3 sind ein typisches Element im Cha-Cha-Cha. Hüftbewegung ist das Resultat der Gewichtsverlagerung auf ein gestrecktes Bein. Beispiel: Wird der rechte Fuß seitwärts voll belastet, das rechte Knie extrem durchgestreckt, verschiebt sich automatisch die rechte Hüfte nach rechts seitwärts. Wichtig ist es, keine bewußten, »künstlichen Hüftschwenks« zu erzeugen, die wenig elegant und nicht homogen wirken. Natürliche Hüftbewegungen wirken niemals übertrieben.

Grundbewegungen

Chasses

Chasses im Cha-Cha-Cha sind eine Folge von drei Schritten, die in der Grundform seitwärts gesetzt werden. Es ist darauf zu achten, Seitwärtsschritte unter dem Körper ohne seitliches Ausgreifen auf dem Ballen anzusetzen. Die Schrittgröße sollte dabei die eigene Hüftweite nicht überschreiten. Die Chasses können ohne oder mit Drehung, vorwärts, rückwärts, seitwärts oder am Platz getanzt werden.

Es gibt folgende **Variationen zum Chasse nach links** bei der ersten Hälfte des Grundschrittes:

1. LF seitw. – RF fast schl. – LF seitw.
2. LF rückw. (Ballen) – RF kreuzt vor LF – LF rückw.
3. LF kreuzt hinter RF (kl. Ronde) – RF neben LF schl. – LF seitw.
4. LF rückw. – RF vorw. am Platz bel. – LF schl.

Es gibt folgende **Variationen zum Chasse nach rechts** bei der zweiten Hälfte des Grundschrittes:

1. RF seitw. – LF fast schl. – RF seitw.
2. RF vorw. – LF kreuzt hinter RF (Ballen) – RF vorw.
3. auf LF nach links drehen, dann kreuzt RF über LF – auf RF zurück nach rechts drehen, LF schließen – RF seitw.
4. RF kreuzt über LF – LF rückwärts am Platz belasten – RF seitw.

Auswahl der Figuren

Nahezu alle Grundfiguren des Cha-Cha-Chas lassen sich auch in die Rumba übertragen. Dabei ist darauf zu achten, daß die Interpretation dieser Figuren immer dem Charakter des jeweiligen Tanzes entsprechen soll.
Bei der Illustration des Grundschrittes wurde auf das Drehen zugunsten der besseren Übersicht verzichtet.
Nach dem Studium der einzelnen Figuren können die Figurenfolgen auf S. 62 Anregung zum Üben sein. Natürlich sind auch andere Kombinationen möglich (siehe »Vorher«, »Nachher«).

»Früh übt sich . . .«

Basic Movement Grundschritt

Vorher: Vor Schritt 1: Basic Movement, Alemana, Hockey Stick, Hand to Hand 1–10, New York 1–10, Spot Turn to Left, Three Cha Cha Chas/Forward, Turkish Towel.
Vor Schritt 6: Hand to Hand 1–15, New York 1–5, Spot Turn to Right.

Ausgangsposition: Geschlossene Gegenüberstellung Lat., offene Fußposition.

Schritt	HERR			DAME			Rhythmus
1	**LF**	vorw.		**RF**	rückw.		2
2	**RF**	rückw. am Platz bel.		**LF**	vorw. am Platz bel.		3
3	**LF**	Chasse seitw. etw. rückw.	⅛ LD	**RF**	Chasse seitw.	⅛ LD	4 Cha
4	**RF**			**LF**			+ Cha
5	**LF**			**RF**			1 Cha
6	**RF**	rückw.		**LF**	vorw.		2
7	**LF**	vorw. am Platz bel.		**RF**	rückw. am Platz bel.		3
8	**RF**	Chasse seitw.	⅛ LD	**LF**	Chasse seitw. etw. rückw.	⅛ LD	4 Cha
9	**LF**			**RF**			+ Cha
10	**RF**			**LF**			1 Cha
							= 2 Takte

Hinweise: Von 1–10 bis zu ½ LD möglich.

Endposition: Geschlossene Gegenüberstellung Lat.

Nachher: Nach Schritt 10: Basic Movement, Fan, New York, Hand to Hand.
Nach Schritt 5: Alemana 6–10.

1

2

3

4

5

6

7

8

9

10

Fan *Fächer*

Vorher: Vor Schritt 1: Basic Movement, Alemana, Hockey Stick, Hand to Hand 1–10, New York 1–10, Spot Turn to Left, Three Cha Cha Chas/Forward, Turkish Towel. Vor Schritt 6: Hand to Hand 1–15.

Ausgangsposition: Geschlossene Gegenüberstellung Lat., offene Fußpos.

Schritt	HERR			DAME			Rhythmus
1	**LF**	vorw.	⅛ LD	**RF**	rückw.	⅛ LD	2
2	**RF**	rückw. am Platz bel.		**LF**	vorw. am Platz bel.		3
3	**LF**	Chasse seitw. etw. rückw.		**RF**	Chasse seitw.		4 Cha
4	**RF**			**LF**			+ Cha
5	**LF**			**RF**			1 Cha
6	**RF**	rückw.		**LF**	vorw.	¼ LD	2
7	**LF**	vorw. am Platz bel.		**RF**	rückw. etw. seitw.		3
8	**RF**	Chasse seitw.		**LF**	Chasse rückw.		4 Cha
9	**LF**			**RF**			+ Cha
10	**RF**			**LF**			1 Cha
							= 2 Takte

Hinweise:
- Schritte 1–5 = Basic Movement; sie können auch ohne ⅛ LD getanzt werden.
- Andere Drehmöglichkeiten:
  a) Herr: Von 1–5: ¼ LD, von 6–10: ⅛ LD (Chasse seitw. etw. vorw.); Dame: Von 1–5: ¼ LD, von 6–10: ⅜ LD.
  b) Herr: Von 7–10: ¼ LD zur offenen Gegenüberstellung (Chasse seitw. etw. vorw.).

Führung: Bei 6 führt der Herr die Dame vorwärts mit leichtem Druck der rechten Hand. Von 7–8 wird die Dame nach links in ihren Rückwärtsschritt geführt, dabei löst der Herr die rechte Hand und gibt mit seiner linken der Dame, die den rechten Arm anspannt, einen leichten Druck.

Endposition: Fan-Position oder offene Gegenüberstellung.

Nachher: Nach der Fan-Position: Alemana, Hockey Stick; nach der offenen Gegenüberstellung: Basic Movement.

1

2

5

6

7

10

Alemana **Drehung an der Hand**

Vorher: Fan, Hockey Stick, Turkish Towel.

Ausgangsposition: Fan-Position oder offene Gegenüberstellung, offene Fußposition.

Schritt	HERR		DAME			Rhythmus
1	**LF**	vorw.	**RF**	schließen (in Fan-Pos.), rückw. (in off. GÜST)		2
2	**RF**	rückw. am Platz bel.	**LF**	vorw.		3
3	**LF**		**RF**			4 Cha
4	**RF**	Chasse klein seitw.	**LF**	Chasse vorw.		+ Cha
5	**LF**		**RF**			1 Cha
6	**RF**	rückw.	**LF**	vorw.	1 1/4 RD	2
7	**LF**	vorw. am Platz bel.	**RF**	vorw.	im	3
8	**RF**		**LF**		Kreis-	4 Cha
9	**LF**	Chasse klein seitw.	**RF**	Chasse vorw.	bogen	+ Cha
10	**RF**		**LF**			1 Cha
						= 2 Takte

Hinweise: Wenn die Alemana in offener Gegenüberstellung beginnt, dreht die Dame 1/1 RD.

Führung: Bei 1 schließt die Dame den RF. Der Herr hebt die gefaßten Hände vor seiner linken Körperseite und führt bei 2 die Dame in einem leichten Bogen vorwärts. Von 3–5 wird die Dame unter den erhobenen Armen in ihren Rechtsbogen geführt und bei 6–9 weitergedreht. Bei 10 senkt der Herr seinen linken Arm und die normale Tanzhaltung wird eingenommen. Senkt der Herr den linken Arm nach rechts, endet die Dame in der Rechts-Seit-Position.

Endposition: Geschlossene Gegenüberstellung Lat. oder Rechts-Seit-Position.

Nachher: Basic Movement, Fan.
Hand to Hand, New York. (Dame tanzt bei 8–10 seitw.).

1

2

5

6

7

10

Hockey Stick *Hockey-Schläger*

Vorher: Fan.

Ausgangsposition: Fan-Position.

Schritt	HERR		DAME		Rhythmus
1	**LF** vorw.		**RF** schließen		2
2	**RF** rückw. am Platz bel.		**LF** vorwärts		3
3	**LF** Chasse klein seitw.		**RF** Chasse vorw.		4 Cha
4	**RF** Chasse klein seitw.		**LF** Chasse vorw.		+ Cha
5	**LF** Chasse klein seitw.		**RF** Chasse vorw.		1 Cha
6	**RF** rückw.	⅛ RD	**LF** vorw.	⅝ LD	2
7	**LF** vorw. am Platz bel.	⅛ RD	**RF** rückw. etw. seitw.	⅝ LD	3
8	**RF** Chasse vorw.	⅛ RD	**LF** Chasse rückw.	⅝ LD	4 Cha
9	**LF** Chasse vorw.	⅛ RD	**RF** Chasse rückw.	⅝ LD	+ Cha
10	**RF** Chasse vorw.	⅛ RD	**LF** Chasse rückw.	⅝ LD	1 Cha
					= 2 Takte

Hinweise: Die Dame sollte Schritt 7 vorw. ansetzen, nach der Gewichtsübernahme über dem flachen Ballen nach links drehen und rückw. etw. seitw. enden.

Führung: Bei 1 schließt die Dame den RF. Von 2–5 hebt der Herr allmählich seinen linken Arm und führt die Dame vorwärts. Bei 6 wird die Dame in ihre Linksdrehung geführt und bei 7 weitergedreht. Von 8–10 senkt der Herr allmählich seinen linken Arm.

Endposition: Offene Gegenüberstellung oder Gegenpromenaden-Position.

Nachher: Aus offener Gegenüberstellung: Basic Movement, Alemana, Turkish Towel; aus Gegenpromenaden-Position: New York.

1

2

5

6

7a

7b

10

Hand to Hand Wischer

Vorher: Basic Movement, Alemana, Spot Turn to Left, Hand to Hand 1–10.

Ausgangsposition: Geschlossene Gegenüberstellung Lat., doppelte Handhaltung, offene Fußposition.

Schritt	HERR			DAME			Rhythmus
1	**LF**	rückw. in R-Seitpos.,	¼ LD	**RF**	rückw. in R-Seitpos.,	¼ RD	2
2	**RF**	vorw. am Platz bel.		**LF**	vorw. am Platz bel.		3
3	**LF**			**RF**			4 Cha
4	**RF**	Chasse seitw.	¼ RD	**LF**	Chasse seitw.	¼ LD	+ Cha
5	**LF**			**RF**			1 Cha
6	**RF**	rückw. in L-Seitpos.,	¼ RD	**LF**	rückw. in L-Seitpos.,	¼ LD	2
7	**LF**	vorw. am Platz bel.		**RF**	vorw. am Platz bel.		3
8	**RF**			**LF**			4 Cha
9	**LF**	Chasse seitw.	¼ LD	**RF**	Chasse seitw.	¼ RD	+ Cha
10	**RF**			**LF**			1 Cha
11	**LF**	rückw. in R-Seitpos.,	¼ LD	**RF**	rückw. in R-Seitpos.,	¼ RD	2
12	**RF**	vorw. am Platz bel.		**LF**	vorw. am Platz bel.		3
13	**LF**			**RF**			4 Cha
14	**RF**	Chasse seitw.	¼ RD	**LF**	Chasse seitw.	¼ LD	+ Cha
15	**LF**			**RF**			1 Cha
							= 3 Takte

Führung: Bei 1 bzw. 11 werden aus der Doppelhaltung die linke Hand des Herrn und die rechte Hand der Dame gelöst, bei 5 bzw. 15 wird wieder Doppelhaltung eingenommen, bei 6 werden die rechte Hand des Herrn und die linke Hand der Dame gelöst, bei 10 wird wieder Doppelhaltung eingenommen. Bei den Drehungen bleiben die Arme unverändert.

Endposition: Geschlossene Gegenüberstellung Lat., doppelte Handhaltung.

Nachher: Nach Schritt 5 bzw. 15: Basic Movement 6–10, Fan 6–10, Alemana 6–10, Spot Turn to Left. Nach Schritt 10: Basic Movement, Fan, Spot Turn to Right. Nach Schritt 2 bzw. 12: Three Cha-Cha-Chas Forward.

1, 11

2, 12

5, 15

6

7

10

New York *Promenaden*

Vorher: Basic Movement, Alemana, Hockey Stick, Hand to Hand, New York.

Ausgangsposition: Geschlossene oder offene Gegenüberstellung.

Schritt	HERR		DAME		Rhythmus
1	**LF** vorw. in L-Seitpos.,	¼ RD	**RF** vorw. in L-Seitpos.,	¼ LD	2
2	**RF** rückw. am Platz bel.	¼ LD	**LF** rückw. am Platz bel.	¼ RD	3
3	**LF** Chasse seitw.		**RF** Chasse seitw.		4 Cha
4	**RF** Chasse seitw.		**LF** Chasse seitw.		+ Cha
5	**LF** Chasse seitw.		**RF** Chasse seitw.		1 Cha
6	**RF** vorw. in R-Seitpos.,	¼ LD	**LF** vorw. in R-Seitpos.,	¼ RD	2
7	**LF** rückw. am Platz bel.	¼ RD	**RF** rückw. am Platz bel.	¼ LD	3
8	**RF** Chasse seitw.		**LF** Chasse seitw.		4 Cha
9	**LF** Chasse seitw.		**RF** Chasse seitw.		+ Cha
10	**RF** Chasse seitw.		**LF** Chasse seitw.		1 Cha
					=2 Takte

Hinweise: Wenn bei 3–5 bzw. 8–10 zusätzlich ¼ Drehung getanzt wird, kann der New York in Rechts- bzw. Links-Seit-Position beendet werden, wobei der letzte Step vorw. getanzt wird.

Führung: Beim vorausgehenden Chasse werden die rechte Hand des Herrn und die linke Hand der Dame gelöst, bei 1 wird die Dame mit den gefaßten Innenhänden in die L-Seitposition geführt, bei 3–5 werden die linke Hand des Herrn und die rechte Hand der Dame wieder gelöst und die entgegengesetzten Hände gefaßt. Für einen Augenblick soll der Eindruck einer Doppelhaltung entstehen, um die geschlossene Paarwirkung zu unterstreichen. Bei 6 wird die Dame mit den gefaßten Innenhänden in die R-Seitposition geführt, bei 8–10 werden die rechte Hand des Herrn und die linke Hand der Dame wieder gelöst und die entgegengesetzten Hände gefaßt. Die Arme sollen immer kontrolliert gemeinsam geführt werden.

Endposition: Geschlossene Gegenüberstellung Lat., doppelte Handhaltung

Nachher: Nach Schritt 10: Basic Movement. Fan, Hand to Hand 1–15, New York 1–10 oder 1–5, Spot Turn to Right. Nach Schritt 5: Basic Movement 6–10, Fan 6–10, Spot Turn to Left.

1

2

5

6

7

10

Spot Turns *Platzdrehungen*

Spot Turn to Right

Vorher: Spot Turn to Left, Basic Movement 6–10, Hand to Hand 1–10, New York 1–10.

Schritt	HERR	DAME	Rhythmus
1	**LF** vorw., ¼ RD	**RF** vorw., ¼ LD	2
2	**RF** vorw. am Platz bel., ½ RD	**LF** vorw. am Platz bel., ½ LD	3
3	**LF** } Chasse seitw., ¼ RD	**RF** } Chasse seitw., ¼ LD	4 Cha
4	**RF** }	**LF** }	+ Cha
5	**LF** }	**RF** }	1 Cha
			= 1 Takt

Nachher: Spot Turn to Left, Basic Movement 6–10, Fan 6–10.

Spot Turn to Left

Vorher: Spot Turn to Right, Basic Movement 1–5, Hand to Hand 1–5 oder 1–15, New York 1–5 oder 1–15.

Schritt	HERR	DAME	Rhythmus
1	**RF** vorw., ¼ LD	**LF** vorw., ¼ RD	2
2	**LF** vorw. am Platz bel., ½ LD	**RF** vorw. am Platz bel., ½ RD	3
3	**RF** } Chasse seitw., ¼ LD	**LF** } Chasse seitw., ¼ RD	4 Cha
4	**LF** }	**RF** }	+ Cha
5	**RF** }	**LF** }	1 Cha
			= 1 Takt

Nachher: Spot Turn to Right, Basic Movement, Fan.

Für beide Figuren gilt:

Ausgangsposition: Geschlossene oder offene Gegenüberstellung je nach vorangehender Figur, ohne Tanzhaltung.

Führung: Solodrehung ohne Handfassung

Endposition: Geschlossene oder offene Gegenüberstellung je nach nachfolgender Figur.

1

2

5

1

2

5

Three Cha-Cha-Chas Forward

Drei Cha-Cha-Chas vorwärts

Vorher: Hand to Hand nach Schritt 2 bzw. 12 (Rechts-Seitposition).

Ausgangsposition: Rechts-Seit-Position.

Schritt	HERR		DAME		Rhythmus
1	LF	Chasse seitw., ⅛ RD	RF	Chasse seitw., ⅛ LD	4 Cha
2	RF		LF		+ Cha
3	LF		RF		1 Cha
4	RF	Chasse vorw. in R-Seitpos., ⅛ LD	LF	Chasse vorw. in R-Seitpos., ⅛ RD	2 Cha
5	LF		RF		+ Cha
6	RF		LF		3 Cha
7	LF	Chasse seitw., ⅛ RD	RF	Chasse seitw., ⅛ LD	4 Cha
8	RF		LF		+ Cha
9	LF		RF		1 Cha
					= 1½ Takte

Führung: Bei 4–6 in der Rechts-Seit-Position die nicht gefaßten Hände seitwärts führen.

Endposition: Geschlossene Gegenüberstellung Lat.

Nachher: Spot Turn to Left, New York 6–10.

Variante: Three Cha-Cha-Chas/Forward in Links-Seit-Position: Vorher: Hand to Hand nach Step 7 oder Basic Movement nach Step 7 (Herr: ⅛ LD, ⅛ RD, ⅛ LD, RF beginnt seitw.; Dame: ⅛ RD, ⅛ LD, ⅛ RD, LF beginnt seitw., nachher: Spot Turn to Right, New York).

1

4

7

Turkish Towel Türkisches Handtuch

Vorher: Hockey Stick (RH des Herrn und der Dame bei Schritt 10 gefaßt).
Ausgangsposition: Offene Gegenüberstellung (Handshake).

Schritt:	HERR	DAME	Rhythmus
1	**LF** vorw.	**RF** rückw.	2
2	**RF** rückw. am Platz bel.	**LF** klein vorw.	3
3	**LF** } Chasse Klein seitw.	**RF** } Chasse vorw.	4 Cha
4	**RF** }	**LF** }	+ Cha
5	**LF** }	**RF** }	1 Cha
6	**RF** rückw.	**LF** vorw., ½ RD } = Alemana	2
7	**LF** vorw. am Platz bel.	**RF** vorw., ½ RD }	3
8	**RF** } Chasse seitw., ⅛ LD	**LF** } Chasse vorw. hinter den	4 Cha
9	**LF** }	**RF** } Herrn, auf seine L Seite,	+ Cha
10	**RF** }	**LF** } ⅜ RD	1 Cha
11	**LF** rückw., Sp. etw. ausgedreht	**RF** vorw. a. P., Sp. etw. ausgedreht	2
12	**RF** vorw. am Platz bel.	**LF** rückw. am Platz bel.	3
13	**LF** } Chasse seitw.	**RF** } Chasse seitw. hinter den	4 Cha
14	**RF** }	**LF** } Herrn, auf seine R Seite	+ Cha
15	**LF** }	**RF** }	1 Cha
16	**RF** rückw., Sp. etw. ausgedreht	**LF** vorw. a. P., Sp. etw. ausgedreht	2
17	**LF** vorw. am Platz bel.	**RF** rückw. am Platz bel.	3
18	**RF** } Chasse seitw.	**LF** } Chasse seitw. hinter den	4 Cha
19	**LF** }	**RF** } Herrn, auf seine L Seite	+ Cha
20	**RF** }	**LF** }	1 Cha
21	**LF** rückw., Sp. etw. ausgedreht	**RF** vorw. a. P., Sp. etw. ausgedreht	2
22	**RF** vorw. am Platz bel.	**LF** rückw. am Platz bel.	3
23	**LF** } Chasse seitw.	**RF** } Chasse seitw. hinter den	4 Cha
24	**RF** }	**LF** } Herrn, auf seine R Seite	+ Cha
25	**LF** }	**RF** } 25: vorw. etw. seitw., ¾ LD, = Spirale	1 Cha

Weiter auf Seite 60

Turkish Towel *Türkisches Handtuch*

26	RF	rückw., Sp. etw. ausgedreht	LF	vorw.		2
27	LF	vorw. am Platz bel.	RF	rückw. etw. seitw.	⅝ LD	3
28	RF	Chasse vorw., ⅛ RD	LF	Chasse rückw.		4 Cha
29	LF		RF			+ Cha
30	RF		LF			1 Cha
						= 6 Takte

Hinweise:
Die Dame tanzt bei 6–7 eine Alemana, bei 25 eine Spirale. Sie sollte den Step 27 vorwärts ansetzen, nach Gewichtsübernahme über dem flachen Ballen nach links drehen und rückwärts etwas seitwärts enden (siehe Hockey Stick).
Die Körperdrehungen nach rechts und links von 11–24 sind den Fotos zu entnehmen.

Führung:
Der Herr wechselt die rechte Hand der Dame in seine rechte Hand am Ende der vorangehenden Figur und führt sie von 2–5 vorwärts. Er dreht die Dame in eine Alemana-Rechtsdrehung bei 6–7, senkt danach sofort die gefaßten Hände und führt die Partnerin hinter seinem Rücken vorbei auf seine linke Seite (8–10). Herr und Dame schauen nun in dieselbe Richtung. Alle vier Hände gefaßt, senkt er den linken und hebt den rechten Arm etwas. Mit der linken Hand führt er die Dame vorwärts bei 11, dann hinter seinem Rücken vorbei auf die rechte Seite. Die Armhaltung wird gewechselt von 13–15 (rechte Arme sind nun etwas tiefer, linke Arme etwas höher). Mit der rechten Hand führt er die Dame bei 16 vorwärts und hinter seinem Rücken vorbei wieder auf seine linke Seite. Die Armhaltung wird wieder gewechselt von 18–20 (linke Arme etwas tiefer, rechte Arme etwas höher). Von 21–25 erfolgt die gleiche Führung wie von 11–15. Bei 25 wird die Dame noch mehr vorwärts geführt. Die linken Hände werden gelöst und die rechten nach unten geführt und sofort gelöst. Die Dame dreht solo eine »Spiral«-Linksdrehung, dann erst nimmt der Herr ihre rechte Hand wieder in seine linke Hand zur offenen Gegenüberstellung.

Endposition: Offene Gegenüberstellung.

Nachher: Basic Movement, Alemana.

5

6

7

10

11

15

16

25

26

30

Figurenfolgen

Aus den bisher beschriebenen Figuren werden drei Figurenfolgen vorgeschlagen.
Sie sind so zusammengestellt, daß sie entweder in sich wiederholt werden können oder dem Leistungsstand entsprechend auch hintereinander getanzt werden können.

Figuren	Schritte		Takte
Folge 1			
Basic Movement	→ S. 44	(1–10)	2
Fan	→ S. 46	(1–10)	2
Alemana	→ S. 48	(1–10)	2
New York	→ S. 54	(1–10)	2
Spot Turn to Right and Left	→ S. 56	(1–10)	2
			10
Folge 2			
Basic Movement	→ S. 44	(1–10)	2
Fan	→ S. 46	(1–10)	2
Alemana	→ S. 48	(1–10)	2
Hand to Hand	→ S. 52	(1–12)	2½
Three Cha Cha Chas/Forward	→ S. 58	(1– 9)	1½
Spot Turn to Left	→ S. 56	(1– 5)	1
			11
Folge 3			
Basic Movement	→ S. 44	(1–10)	2
Fan	→ S. 46	(1–10)	2
Hockey Stick	→ S. 50	(1–10)	2
Turkish Towel	→ S. 59	(1–30)	6
			12

Gina Hoffmann/Stephan Kreidler, München

Rumba

Woher kommt die Rumba?

Rumba ist in seinem Ursprung ein Sammelname für viele kubanische Paartänze. Es ist nicht bekannt, seit wann das Wort »Rumba« gebraucht wurde. In den Tanzbeschreibungen des 19. Jahrhunderts wird von leidenschaftlichen Werbetänzen gesprochen, dem Streben der Frau, mit auffälligen Hüftbewegungen den Mann zu verführen. Das Wort »Rumba« bedeutete soviel wie »Fest« und »Tanz«. Musikalisch haben sich aus einer Fülle von afrokubanischen Rhythmen zwei Tänze, im 19. Jahrhundert die Habanera und im 20. die moderne Rumba, entwickelt, die eng miteinander verwandt sind. Die Musik wurde entweder langsam gespielt, wie der später in Europa populäre Rumba-Bolero oder im schnelleren Tempo, wie die Rumba-Guaracha und die »kubanische Rumba«.

Über New York kam die Rumba 1930 als Tanz nach Europa. »The Peanut Vendor« war der erste Rumbaschlager, der um die Welt ging. Die erste Rumbachoreographie wurde von Engländern erstellt, die auch von den Franzosen und Deutschen übernommen wurde (Grundschritt im Carré).

Die zwischen 1931 und 1933 populäre Rumba konnte sich nicht durchsetzen, da die meisten nicht wußten, was sie tanzen sollten. Meist bewegte man sich im Foxtrott und setzte dabei die Hüften ein.

Erst nach 1945 wurde die Rumba wieder von den Franzosen entdeckt.

Auch die Engländer beschäftigten sich mit der Rumba. In zwei »Rumba-Kriegen« (1956–1958 und 1961–1963) stritt man um die Normierung der Rumba-Technik.

Der »Cuban Style«, von dem in England lebenden Franzosen Pierre aus dem Mambo entwickelt, trat in Wettstreit mit der »Square-Rumba«, dem langsamen Rumba-Bolero von Lucien David aus Frankreich.

Der »Kubanische Grundschritt« bestand wie beim Mambo aus sechs Schritten im Rhythmus:

4,1	RF seitw.
2	LF vorw.
3	RF am Platz bel.
4,1	LF seitw.
2	RF rückw.
3	LF am Platz bel.

und der »Square-Grundschritt« ebenfalls aus sechs Schritten im Rhythmus:

1,2	RF vorw.
3	LF seitw.
4	RF schl.
1,2	LF rückw.
3	RF seitw.
4	LF schl.

Der »Rumba-Krieg« wurde dadurch beendet, daß ein internationales Komitee entschied, daß die Rumba auf zwei verschiedenen Grundschritten aufgebaut sein kann.

Der »Cuban Style« nahm jedoch überhand, da nahezu alle Turnierpaare dieses System tanzten und 1964 die Anerkennung als Turniergrundlage erfolgte. Heute bauen auch die Tanzschulen darauf auf.

Wie tanzt man Rumba?

Der **tänzerische Charakter** der Rumba äußert sich als erotisches Spiel, als glühendes Liebeswerben. Im Dialog der Geschlechter schwankt die Dame zwischen Hingabe und Abwendung und der Herr zwischen Zuneigung und Selbstherrlichkeit. In vielen Figuren zeigt sich die weibliche Verführungskunst. Hüft- und Beckenbewegungen sind dabei wichtige Ausdrucksmittel. Auch verschiedene Jazzelemente wurden in die Rumba übernommen.

Grundhaltung

In geschlossener Gegenüberstellung Latein beträgt der Abstand zu den Füßen des Partners ca. 15 cm. In der Ausgangsposition sind die Füße entweder parallel geschlossen, die rechten Fußspitzen zeigen zwischen die Füße des Partners, oder ein Fuß wird seitwärts gehalten, wobei das Gewicht auf dem Standfuß ruht. Die Körper sind aufrecht, die Köpfe erhoben und es besteht Blickkontakt. Der Herr plaziert seine rechte Hand auf dem linken Schulterblatt der Dame und hält seine linke Hand etwa in Augenhöhe. Die Dame hat ihre linke Hand ohne Gewicht auf seinem rechten Oberarm und legt ihre rechte Hand in seine linke Hand (siehe S. 14).

Bewegungsrichtung

Die Rumba ist ein stationärer Tanz, der weitgehend am Platz getanzt wird.

Musik: Langsam, weich, wohltuend, verhalten, dezent, synkopisch, afrokaribisch. Außer der klassischen Turniermusik können auch einige Popstücke mit Rumba-Schritten interpretiert werden.

Takt: $^4/_4$

Rhythmus:

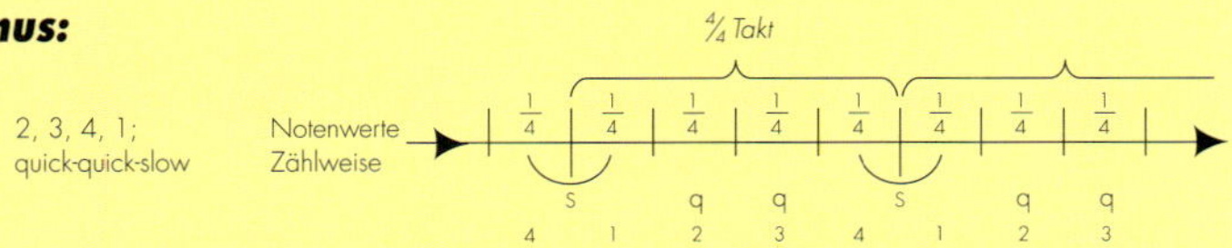

Ohne die typischen Percussioninstrumente, die Claves, steht die Rumba, wie oben aufgeführt, im 4/4 Takt. Für den »Clavero« ist der Rumbatakt dagegen in 8/8 eingeteilt. Er betont im ersten Takt 1, 4 und 7, im zweiten Takt 3 und 5. Nach den Claves hat sich der gute Tänzer zu richten, sie sind Erkennungszeichen und rhythmischer Leitfaden der Rumba.

Tempo: Je nach Können 28–31 Takte pro Minute möglich.
Im Turnier: 28 Takte pro Minute.

Startrichtung
Die Rumba kann in jeder Richtung begonnen werden. Zur eigenen Orientierung ist es zu empfehlen, daß der Herr Front in Tanzrichtung anfängt.

Startfüße
Der fortgeschrittene Rumba-Tänzer beginnt, wie in den nachfolgenden Figuren beschrieben, auf dem zweiten Taktschlag, der Herr mit LF vorw., die Dame RF rückw. Für den Anfänger ist der Einsatz auf 2 zu schwierig. Für ihn ist es günstiger mit dem ersten Taktschlag in der Musik zu beginnen. Man nennt diesen Schritt auch »Startschritt«. Der Herr tanzt dabei mit dem RF, die Dame LF klein seitwärts.

Fußarbeit
Jeder Schritt wird auf dem Ballen des Fußes (B) angesetzt und am Ende auf den flachen Fuß abgesenkt (Bf).

Beinarbeit
Bei jedem Schritt mit Gewichtsübertragung werden die Beine bzw. Knie durchgestreckt. Diese Streckung ist Voraussetzung für die Hüftaktionen in der Rumba.

Hüftarbeit
Hüftaktionen sind ein typisches Element in der Rumba. Die Hüftbewegung ist das Resultat der Gewichtsverlagerung auf ein gestrecktes Bein. Beispiel: Wird der rechte Fuß seitwärts voll belastet, das rechte Knie extrem durchgestreckt, verschiebt sich automatisch die rechte Hüfte nach rechts seitwärts. Wichtig ist es, keine bewußten »künstlichen Hüftschwenks« zu erzeugen, die wenig elegant und nicht homogen wirken. Natürliche Hüftbewegungen wirken niemals übertrieben.

Auswahl der Figuren
Nahezu alle Grundfiguren der Rumba lassen sich auf den Cha-Cha-Cha übertragen. Die Figuren Fan, Alemana, Hockey Stick, Hand to Hand und Spot Turns lassen sich, bis auf das Cha-Cha-Cha-Chasse, auf beide Tänze übertragen. Die Illustrationen dieser Figuren durch Bewegungsfotos im Cha-Cha-Cha haben auch in der Rumba ihre Gültigkeit. Dabei ist darauf zu achten, daß die Interpretation dieser Figuren immer dem Charakter des jeweiligen Tanzes entsprechen soll. Nach dem Studium der einzelnen Figuren können die Figurenfolgen auf S. 82 Anregung zum Üben sein. Natürlich sind auch andere Kombinationen möglich (siehe: »Vorher«, »Nachher«).

Geschwister Daniela und Mario Trieloff, Mannheim

Basic Movement Grundschritt

Vorher: Vor Schritt 1: Basic Movement, Alemana, Hockey Stick, Hand to Hand 1–6, Spot Turn to Left, Natural Top, Rope Spinning.
Vor Schritt 4: Hand to Hand 1–9, Spot Turn to Right, Natural Opening out Movement.

Ausgangsposition: Geschlossene Gegenüberstellung Lat., offene Fußposition.

Schritt	HERR		DAME		Rhythmus
1	**LF** vorw.	⅛ LD	**RF** rückw.	⅛ LD	2 q
2	**RF** rückw. am Platz bel.		**LF** vorw. am Platz bel.		3 q
3	**LF** seitw. etw. rückw.		**RF** seitw.		4,1 s
4	**RF** rückw.	⅛ LD	**LF** vorw.	⅛ LD	2 q
5	**LF** vorw. am Platz bel.		**RF** rückw. am Platz bel.		3 q
6	**RF** seitw.		**LF** seitw. etw. rückw.		4,1 s
					=2 Takte

Hinweise: Von 1–6 bis zu ½ LD möglich.

Endposition: Geschlossene Gegenüberstellung Lat.

Nachher: Nach Schritt 6: Basic Movement, Fan, Hand to Hand.
Nach Schritt 3: Natural Top, Alemana 4–6.

Fan Fächer

Vorher: Vor Schritt 1: Basic Movement, Alemana, Hand to Hand 1–6, Spot Turn to Left, Natural Top, Rope Spinning.
Vor Schritt 4: Natural Opening out Movement, Hand to Hand 1–9.

Ausgangsposition: Geschlossene Gegenüberstellung Lat., offene Fußposition.

Schritt	HERR		DAME		Rhythmus	
1	**LF** vorw.		**RF** rückw.		2	q
2	**RF** rückw. am Platz bel.	⅛ LD	**LF** vorw. am Platz bel.	⅛ LD	3	q
3	**LF** seitw. etw. rückw.		**RF** seitw.		4,1	s
4	**RF** rückw.		**LF** vorw.		2	q
5	**LF** vorw. am Platz bel.		**RF** rückw. etw. seitw.	¼ LD	3	q
6	**RF** seitw.		**LF** rückw.		4,1	s
					=2 Takte	

Hinweise:
- Schritte 1–3 = Basic Movement; sie können auch ohne ⅛ LD getanzt werden.
- Andere Drehmöglichkeiten:
  a) Herr: Von 1–3: ¼ LD, von 4–6: ⅛ LD (6 seitw. etw. vorw.);
     Dame: Von 1–3: ¼ LD, von 4–6: ⅜ LD.
  b) Herr: Von 5–6: ¼ LD zur offenen Gegenüberstellung (6 seitw. etw. vorw.)

Führung: Bei 4 führt der Herr die Dame vorwärts mit leichtem Druck der rechten Hand. Von 5–6 wird die Dame nach links in ihren Rückwärtsschritt geführt, dabei löst der Herr die rechte Hand und gibt mit seiner linken der Dame einen leichten Druck. Wichtig für die Dame ist dabei das Anspannen ihres rechten Arms.

Endposition: Fan-Position oder offene Gegenüberstellung.

Nachher: Nach der Fan-Position: Alemana, Hockey Stick; nach der offenen Gegenüberstellung: Basic Movement 1–3 mit Natural Top.

Alemana **Drehung an der Hand**

Vorher: Fan, Hockey Stick.

Ausgangsposition: Fan-Position oder offene Gegenüberstellung, offene Fußposition.

Schritt	HERR	DAME		Rhythmus
1	**LF** vorw.	**RF** schl. (in Fan-Pos.), **RF** rückw. (in off. GÜST)		2 q
2	**RF** rückw. am Platz bel.	**LF** vorw.		3 q
3	**LF** schließen	**RF** vorw.	1¼ RD im Kreisbogen	4,1 s
4	**RF** rückw.	**LF** vorw.		2 q
5	**LF** vorw. am Platz bel.	**RF** vorw.		3 q
6	**RF** am Platz schl.	**LF** vorw.		4,1 s
				=2 Takte

Hinweise: Wenn die Alemana in offener Gegenüberstellung beginnt, dreht die Dame 1/1 RD.

Führung: Bei 1 schließt die Dame den RF. Der Herr hebt die gefaßten Hände vor seiner linken Körperseite und führt bei 2 die Dame in einem leichten Bogen vorwärts. Bei 3 wird die Dame unter den erhobenen Armen in ihren Rechtsbogen geführt und bei 4–5 weitergedreht. Bei 6 senkt der Herr seinen linken Arm und die normale Tanzhaltung wird eingenommen. Senkt der Herr den linken Arm nach rechts, endet die Dame in der Rechts-Seit-Position.

Endposition: Geschlossene Gegenüberstellung Lat. oder Rechts-Seit-Position.

Nachher: Basic Movement, Fan.
Hand to Hand, Natural Opening out Movement, Rope Spinning. (Dame tanzt bei 6 seitw.).

Hockey Stick Hockey-Schläger

Vorher: Fan.

Ausgangsstellung: Fan-Position.

Schritt	HERR		DAME		Rhythmus
1	**LF** vorw.		**RF** schl.		2 q
2	**RF** rückw. am Platz bel.		**LF** vorw.		3 q
3	**LF** schl.		**RF** vorw.		4,1 s
4	**RF** rückw.	⅛ RD	**LF** vorw.	⅝ LD	2 q
5	**LF** vorw. am Platz bel.		**RF** rückw. etw. seitw.		3 q
6	**RF** vorw.		**LF** rückw.		4,1 s
					=2 Takte

Hinweise: Die Dame sollte Schritt 5 vorw. ansetzen, nach der Gewichtsübernahme über dem flachen Ballen nach links drehen und rückw. etw. seitw. enden.

Führung: Bei 1 schließt die Dame den RF. Von 2–3 hebt der Herr allmählich seinen linken Arm und führt die Dame vorwärts. Bei 4 wird die Dame in ihre Linksdrehung geführt und bei 5 weitergedreht. Von 5–6 senkt der Herr allmählich seinen linken Arm.

Endposition: Offene Gegenüberstellung.

Nachher: Basic Movement, Basic Movement 1–3 in den Natural Top, Alemana.

Hand to Hand Wischer

Vorher: Basic Movement, Alemana (Step 6 wird seitw. gesetzt), Spot Turn to Left, Hand to Hand 1–6, Rope Spinning.

Ausgangsposition: Geschlossene Gegenüberstellung Lat., doppelte Handhaltung, offene Fußposition.

Schritt	HERR		DAME		Rhythmus	
1	**LF** rückw. in R-Seitpos.,	¼ LD	**RF** rückw. in R-Seitpos.,	¼ RD	2	q
2	**RF** vorw. am Platz bel.	¼ RD	**LF** vorw. am Platz bel.	¼ LD	3	q
3	**LF** seitw.		**RF** seitw.		4,1	s
4	**RF** rückw. in L-Seitpos.,	¼ RD	**LF** rückw. in L-Seitpos.,	¼ LD	2	q
5	**LF** vorw. am Platz bel.	¼ LD	**RF** vorw. am Platz bel.	¼ RD	3	q
6	**RF** seitw.		**LF** seitw.		4,1	s
7	**LF** rückw. in R-Seitpos.,	¼ LD	**RF** rückw. in R-Seitpos.,	¼ RD	2	q
8	**RF** vorw. am Platz bel.	¼ RD	**LF** vorw. am Platz bel.	¼ LD	3	q
9	**LF** seitw.		**RF** seitw.		4,1	s
					=3 Takte	

Führung: Bei 1 bzw. 7 wird aus der Doppelhaltung die linke Hand des Herrn und die rechte Hand der Dame gelöst, bei 3 bzw. 9 wird wieder Doppelhaltung eingenommen, bei 4 wird die rechte Hand des Herrn und die linke Hand der Dame gelöst, bei 6 wieder Doppelhaltung eingenommen. Bei den Drehungen bleiben die Arme unverändert.

Endposition: Geschlossene Gegenüberstellung Lat., doppelte Handhaltung.

Nachher: Nach Schritt 3 bzw. 9: Basic Movement 4–6, Fan 4–6, Alemana 4–6, Spot Turn to Left, Aida/Ending 1. Nach Schritt 6: Basic Movement, Fan, Spot Turn to Right, Rope Spinning (Herr bei 6 RF schl.).

Spot Turns Platzdrehungen

Spot Turn to Right

Vorher: Spot Turn to Left, Basic Movement 4–6, Hand to Hand 1–6, Aida/ Ending 1.

Ausgangsposition: Geschlossene oder offene Gegenüberstellung Lat. je nach vorangehender Figur, ohne Tanzhaltung.

Schritt	HERR	DAME	Rhythmus
1	**LF** vorw., ¼ RD	**RF** vorw., ¼ LD	2 q
2	**RF** vorw. am Platz bel., ½ RD	**LF** vorw. am Platz bel., ½ LD	3 q
3	**LF** seitw., ¼ RD	**RF** seitw., ¼ LD	4,1 s
			=1 Takt

Nachher: Spot Turn to Left, Basic Movement 4–6, Fan 4–6, Aida/Ending 1.

Spot Turn to Left

Vorher: Spot Turn to Right, Basic Movement 1–3, Hand to Hand 1–9.

Ausgangsposition: Geschlossene oder offene Gegenüberstellung Lat. je nach vorangehender Figur, ohne Tanzhaltung.

Schritt	HERR	DAME	Rhythmus
1	**RF** vorw., ¼ LD	**LF** vorw., ¼ RD	2 q
2	**LF** vorw. am Platz bel., ½ LD	**RF** vorw. am Platz bel., ½ RD	3 q
3	**RF** seitw., ¼ LD	**LF** seitw., ¼ RD	4,1 s
			=1 Takt

Nachher: Spot Turn to Right, Basic Movement, Fan.

Für beide Figuren gilt:

Führung: Solodrehung ohne Handfassung.

Endposition: Geschlossene oder offene Gegenüberstellung Lat. je nach nachfolgender Figur.

Natural Top Rechtskreisel

Vorher: Basic Movement 1–3.

Ausgangsposition: Geschlossene Gegenüberstellung Lat., offene Fußposition (Herr: LF seitw., Dame: RF vorw.).

Schritt	HERR	DAME	Rhythmus
1	**RF** kreuzt hinter LF, RSp zu LFe	**LF** seitw.	2 q
2	**LF** seitw.	**RF** kreuzt vor LF, RSp auswärts	3 q
3	**RF** kreuzt hinter LF, RSp zu LFe	**LF** seitw.	4,1 s
4	**LF** seitw.	**RF** kreuzt vor LF, RSp auswärts	2 q
5	**RF** kreuzt hinter LF, RSp zu LFe	**LF** seitw.	3 q
6	**LF** seitw.	**RF** kreuzt LF, RSp auswärts	4,1 s
7	**RF** kreuzt hinter LF, RSp zu LFe	**LF** seitw.	2 q
8	**LF** seitw.	**RF** kreuzt vor LF, RSp auswärts	3 q
9	**RF** schl.	**LF** seitw.	4,1 s
			=3 Takte

Hinweise: Von 1–8 bis zu 2 Rechtsdrehungen in Partner-Gegenüberstellung. Die Rechtsdrehung sollte gleichmäßig die Position der Partner zueinander quadratisch sein.
Während des Natural Top sollten keine Hüftbewegungen ausgeführt werden.

Endposition: Geschlossene Gegenüberstellung Lat.
Nachher: Basic Movement, Fan, Natural Opening out Movement, Rope Spinning.

1

2, 4, 6, 8

3, 5, 7

9

Aida, Ending 1 (Rock in Place)

Aida, Endung 1 (Wiegeschritt)

Vorher: Hand to Hand (1–9), Spot Turn to Right.

Ausgangsposition: Geschlossene Gegenüberstellung Lat.

Schritt	HERR		DAME		Rhythmus
1	**RF** rückw.	3/8 RD zur V-förm. Seitpos.	**LF** rückw.	3/8 LD zur V-förm. Seitpos.	2 q
2	**LF** rückw.		**RF** rückw.		3 q
3	**RF** rückw.		**LF** rückw.		4,1 s
4	**LF** vorw. am Platz bel.	Wiege	**RF** vorw. am Platz bel.	Wiege	2 q
5	**RF** rückw. am Platz bel.		**LF** rückw. am Platz bel.		3 q
6	**LF** vorw. am Platz bel.		**RF** vorw. am Platz bel.		4,1 s
7	**RF** vorw.	1 3/8 LD	**LF** vorw.	1 3/8 RD	2 q
8	**LF** vorw. am Platz bel.		**RF** vorw. am Platz bel.		3 q
9	**RF** seitw.		**LF** seitw.		4,1 s
					=3 Takte

Hinweise: 7–9 = Spot Turn to Left.

Führung: Bei 1 löst der Herr die rechte Hand und führt die Dame in die L-Seitposition. Am Ende von 6 Solodrehung ohne Handfassung.

Endposition: Geschlossene Gegenüberstellung Lat.

Nachher: Basic Movement, Fan, Spot Turn to Right.

1

2

3

4

5

6a

6b

7

8

9

Rope Spinning Lasso

Vorher: Alemana, Natural Top, Hand to Hand 1–6.
Die Rope Spinning Aktion beginnt beim letzten Schritt der vorangehenden Figur, dabei schließt der Herr den RF zum LF. Die Dame tanzt eine Spiraldrehung nach rechts.

Ausgangsposition: Rechts-Seit-Position, Dame schaut in Gegenrichtung, gefaßte Hände erhoben (Herr LH, Dame RH); Herr geschlossene Fußposition, Dame spiralartig RF ohne Gewicht vorgekreuzt.

Schritt	HERR	DAME		Rhythmus
1	**LF** seitw.	**RF** vorw.	½ RD	2 q
2	**RF** seitw. am Platz bel.	**LF** vorw.		3 q
3	**LF** schl., L-Seit-Pos.	**RF** vorw., L-Seit-Pos.		4,1 s
4	**RF** rückw.	**LF** vorw.	½ RD	2 q
5	**LF** vorw. am Platz bel.	**RF** vorw.		3 q
6	**RF** schl.	**LF** vorw.		4,1 s
				=2 Takte

Führung: Bei Schlag 1 des vorangehenden Schrittes führt der Herr bei starker Rechtsneigung die Dame unter seinem erhobenen linken Arm in eine scharfe 1/1 RD (Spiraldrehung), nachdem er die rechte Hand gelöst hat. Mit der linken Hand wird die Dame sechs Schritte vorwärts geführt. Die Dame tanzt von der rechten Seite des Herrn in einem Kreis hinter ihm an seiner linken Seite vorbei und endet wieder vor ihm.

Endposition: Geschlossene Gegenüberstellung Lat.

Nachher: Basic Movement, Hand to Hand (bei 6 Herr LF seitw.), Natural Opening out Movement.

Ausgangsposition

1

2

3

4

5

6

Natural Opening out Movement

Öffnen nach rechts

Vorher: Natural Top, Alemana, Rope Spinning.

Ausgangsposition: Geschlossene Gegenüberstellung Lat., Herr geschlossene Fußposition, Dame offene Fußposition.

Schritt	HERR	DAME	Rhythmus
1	**LF** seitw.	**RF** rückw., ½ RD	2 q
2	**RF** seitw. am Platz bel.	**LF** vorw. am Platz bel. } ½ LD (2–3)	3 q
3	**LF** schl.	**RF** seitw.	4,1 s
			= 1 Takt

Führung: Bei 1 führt der Herr die Dame nach rechts durch eine leichte Körperdrehung nach rechts und bei 2–3 führt er die Dame wieder nach links durch eine leichte Körperdrehung nach links. Die rechte Hand des Herrn unterstützt die Damendrehungen.

Endposition: Geschlossene Gegenüberstellung Lat.

Nachher: Basic Movement 4–6, Fan 4–6, Alemana 4–6.

Ausgangsposition

1

3

Bo Loft Jensen/Helle Paulsen

Figurenfolgen

Aus den bisher beschriebenen Figuren werden drei Figurenfolgen vorgeschlagen.
Sie sind so zusammengestellt, daß sie entweder in sich wiederholt werden können, oder dem Leistungsstand entsprechend auch hintereinander getanzt werden können.

Figuren	***Schritte***		***Takte***
Folge 1			
Basic Movement	→ S. 68	(1–6)	2
Fan	→ S. 69	(1–6)	2
Hockey Stick	→ S. 71	(1–6)	2
Basic Movement	→ S. 68	(1–3)	1
Natural Top	→ S. 74	(1–9)	3
			10
Folge 2			
Basic Movement	→ S. 68	(1–6)	2
Fan	→ S. 69	(1–6)	2
Alemana	→ S. 70	(1–6)	2
Hand to Hand	→ S. 72	(1–9)	3
Aida mit Rock in Place	→ S. 76	(1–9)	3
			12
Folge 3			
Basic Movement	→ S. 68	(1–6)	2
Fan	→ S. 69	(1–6)	2
Alemana	→ S. 70	(1–6)	2
Rope Spinning	→ S. 78	(1–6)	2
Natural Opening out Movement	→ S. 80	(1–3)	1
Fan	→ S. 69	(4–6)	1
Hockey Stick	→ S. 71	(1–6)	2
Basic Movement	→ S. 68	(1–3)	1
Natural Top	→ S. 74	(1–9)	3
			16

Andrea und Horst Beer, Bremerhaven

Paso Doble

Woher kommt der Paso Doble?

In seinem Ursprung ist der Paso Doble ein spanischer Tanz zu spanischer Marsch-Musik, der allerdings in Spanien selbst auf keiner Tanzfläche zu sehen ist – wenn dann nur in eigenständiger Version auf der Bühne. Als Stierkampf-Pantomime war er schon in den zwanziger Jahren bekannt.
In der heutigen Form ist er in Frankreich kreiert worden, wo er zunächst vorrangig von Künstlern getanzt wurde, bevor er als Schau- und später als Turniertanz von Tanzlehrern entdeckt wurde.
Der Paso Doble stellt einen Stierkampf dar, wobei der Herr die Rolle des Toreros übernimmt und die Dame das rote Tuch, die Capa des Toreros, nicht wie vielfach angenommen den Stier, verkörpert. Herr und Dame bewegen sich also gemeinsam um einen imaginären Stier, wobei sie mit Flamenco-Elementen und aus dem Arenenkampf nachempfundenen stilisierten Figuren agieren. Zugrunde liegt immer wieder der »Paso Doble«, (= »Doppelschritt«) mit betontem Aufsetzen von Ferse und Ballen und rhythmischen Gehschritten.
Im lateinamerikanischen Turnierprogramm ist er seit 1959 vertreten.

Flamenco

Wie tanzt man Paso Doble?

Der **tänzerische Charakter** des Paso Doble wird durch das Stierkampfmotiv bestimmt. Vom Herrn erwartet man, als Torero, fast hochmütigen Stolz, kühne Entschlossenheit und Eleganz, von der Dame, als Capa, selbstbewußte Distanz, große Wendigkeit und Geschwindigkeit als Folge der durch den Herrn gegebenen Führung. Im Paso Doble gibt es im allgemeinen keine isolierten Bewegungen. Eiserne Disziplin und gravitätische Würde, Feuer und gedämpfte Beherrschtheit sind gefragt. Alle Schritte sind mit starker Anspannung der gesamten Muskulatur auszuführen. Nur dadurch können die für diesen Tanz typischen, kurzen, schnellen Bewegungen und die kontrolliert gehaltenen Posen getanzt werden. Die Knie des jeweils belasteten Beines sind leicht gebeugt.

Grundhaltungen

In geschlossener Gegenüberstellung Standard besteht leichter Körperkontakt, in geschlossener Gegenüberstellung Latein beträgt der Abstand zu den Füßen des Partners ca. 15 cm. Die Füße sind parallel geschlossen, die rechten Fußspitzen zeigen zwischen die Füße des Partners. Die Körper sind aufrecht, die Köpfe erhoben, und es besteht Blickkontakt. Der Herr plaziert seine rechte Hand auf dem linken Schulterblatt der Dame und hält seine linke Hand etwa in Augenhöhe. Die Dame hat ihre linke Hand ohne Gewicht auf seinem rechten Oberarm und legt ihre rechte Hand in seine linke Hand (siehe S. 14). In Promenaden- oder Gegenpromenaden-Position

Musik: Gravitätisch, hochtrabend, vorantreibend, energisch, streng, marschmäßig, klar strukturiert. Die Musik, ein spanischer, flamencoartiger Marsch, besteht aus einer Einleitung und zwei Hauptteilen mit genau festgelegten Höhepunkten, nach denen sich die Choreographie richtet. Meistgespielter Paso Doble: »España Cani«

Takt: $^2/_4$

Rhythmus: slow-slow, 1-2

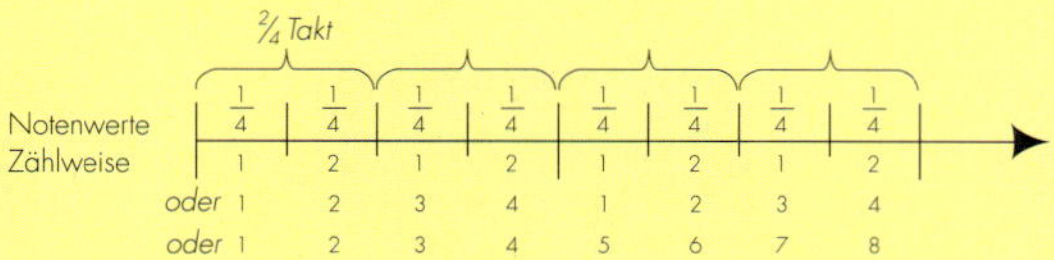

Beim Paso Doble wird außer den Taktschlägen auch noch eine Zählweise angeboten, die über zwei oder vier Takte hinweg, also 1-2-3-4 oder 1-8 gezählt wird. Für den Unterricht und das Einüben der Schritte hat sich diese Zählweise bewährt und entspricht der musikalischen Phrase.

Tempo: Je nach Können 60–62 Takte pro Minute möglich.
Im Turnier 62 Takte pro Minute.

wird die Haltung im Paso Doble auf eine Entfernung von ca. 30 cm erweitert.

Grundbewegungen und Fußarbeit

Die Grundbewegungen im Paso Doble bestehen aus Sur Place (Platzschritten), Appel (Appell), Chasses (Seitschritten) und Basic Movement (Vor- und Rückwärtsschritten).

Sur Place

Unter Sur Place versteht man eine Reihe von Schritten, die auf dem Ballen, am Platz, RF–LF–RF–LF oder LF–RF–LF–RF abwechselnd, mit leicht gebeugten Knien und in Tanzhaltung getanzt werden.

Appel

Appel (Appell) ist ein energisch aufgesetzter Schritt am Platz, mit flachem Fuß und einer leichten Senkaktion in den Knien. Appel ist eine häufig getanzte Einleitung in eine Figur (siehe: Appel-Attack, Promenade Link, Sixteen, Separation, Promenades).

Chasses

Chasses, Seitschritte (siehe S. 90), können in erhobener oder flacher Position, in einer Richtung oder gedreht getanzt werden. Aus geschlossener Fußposition drückt man den Körper von Standbein bewußt und schnell ab und verhält kurz in der offenen Fußposition, bevor der noch unbelastete Fuß wieder schnell mit Gewicht herangeschlossen wird. Chasses können mit einer Körperneigung nach rechts oder links getanzt werden.

Basic Movement

Unter Basic Movement versteht man eine Reihe von Vor- und Rückwärtsschritten, die entweder klein und kurz auf dem Ballen oder weiter ausgreifend mit der Ferse getanzt werden. Entweder geradeaus oder nach links oder rechts kurvend können diese Schritte als Verbindungsglied zwischen zwei Figuren eingesetzt werden. Man beachte allerdings dabei die Phrasierung.

Armbewegung

Die gefaßten Hände (Herr LH, Dame RH) werden in der Promenaden-Position im Paso Doble meistens auf Brusthöhe gesenkt und in der Gegenpromenade knapp über Kopfhöhe gehoben.

Bewegungsrichtung

Alle Figuren bewegen sich auf dem Außenkreis in Tanzrichtung (siehe S. 13).

Startrichtung

In den Grundfiguren beginnt der Herr Front in Tanzrichtung. Je nach Figur sind aber auch andere Richtungen möglich. In den Figurenbeschreibungen wird die Startrichtung immer nur für den Herrn angegeben, die Dame startet entsprechend.

Startfüße

Der Herr beginnt mit dem RF, die Dame mit dem LF.

Daniela Kaltenbach/Alexander Ernst, Freiburg

Appel-Attack Appell-Attacke

Vorher: Sur Place, Chasses, Basic Movement, Separation with Fallaway Ending, Sixteen, Coup de Pique.

Ausgangsposition: Geschlossene Gegenüberstellung Lat. oder Stand., Herr Front in Tanzrichtung.

Schritt	HERR		DAME		Rhythmus	
1	**RF** »Appel«, (gF)		**LF** »Appel«, (gF)		1	1
2	**LF** vorw. »Attack«, (Fef)	¼ LD (2–3)	**RF** rückw. »Attack«, (Bf)	¼ LD (2–3)	2	2
3	**RF** seitw., (B o. Bf)		**LF** seitw., (B o. Bf)		3	1
4	**LF** schl., (B o. Bf)		**RF** schl., (B o. Bf)		4	2
					=2 Takte	

Hinweise: Diese Figur kann auch in andere Richtungen begonnen werden. Die Drehung kann auch von 3–4 getanzt werden oder ganz entfallen.

Endposition: Geschlossene Gegenüberstellung Lat. oder Stand., Herr Front zur Mitte.

Nachher: Sur Place, Basic Movement, Chasses, Separation.

1

2

3

4

Chasses to Right *Chasses nach rechts*

Vorher: Sur Place, Basic Movement, Appel-Attack, Promenade Link, Chasses to Right.

Ausgangsposition: Geschlossene Gegenüberstellung Lat. oder Stand.

Schritt	HERR	DAME	Rhythmus	
1	**RF** seitw.	**LF** seitw.	1	1
2	**LF** schl.	**RF** schl.	2	2
3	**RF** seitw.	**LF** seitw.	3	1
4	**LF** schl.	**RF** schl.	4	2
			=2 Takte	

Hinweise: Diese Figur kann in jeder Richtung begonnen, nach rechts oder links kurvend, oder ganz ohne Drehung getanzt werden.

Fußarbeit: Alle Schritte Ballen oder flacher Ballen.

Endposition: Geschlossene Gegenüberstellung Lat. oder Stand.

Nachher: Sur Place, Basic Movement, Appel-Attack, Chasses to Right, Promenade Link, Separation, Sixteen, Promenades.

1

2

3

4

Promenade Link **Promenadenkette**

Vorher: Sur Place, Basic Movement, Chasses to Right.

Ausgangsposition: Geschlossene Gegenüberstellung Lat. oder Stand., Herr Front in Tanzrichtung, auch andere Richtungen sind möglich.

Schritt	HERR		DAME		Rhythmus	
1	**RF** Appel, (gF)	⅛ LD	**LF** Appel, (gF)	⅛ RD	1	1
2	**LF** seitw. in Prom. Pos., (Fef)		**RF** seitw. in Prom. Pos., (Fef)		2	2
3	**RF** kreuzt vorw., (Fef)	⅛ LD	**LF** kreuzt vorw., (Fef)	⅜ LD	3	1
4	**LF** schl., (beide B)		**RF** schl., (beide B)		4	2
					=2 Takte	

Hinweise: Die Schritte 3 und 4 können eine Figur ergänzen, die in Promenade Position endet.
Wird diese Figur erst ab dem 3. Schritt getanzt, können auch andere Drehungsgrade getanzt werden.
1. Herr ohne Drehung, Dame von 3–4 ¼ LD
2. Herr von 3–4 ⅛ RD Dame von 3–4 ⅛ LD

Endposition: Geschlossene Gegenüberstellung Lat. oder Stand., Herr Front zur Mitte; bzw. entsprechende Richtung.

Nachher: Sur Place, Basic Movement, Chasses to Right, Coup de Pique.

1

oder

1

2

3

4

Sixteen *Sechzehn*

Vorher: Sur Place, Basic Movement, Chasses to Right.

Ausgangsposition: Geschl. GÜST Lat. oder Stand., H. Front z. W.

Schritt	HERR		DAME		Rhythmus	
1	**RF** Appel, (gF)	1/8 LD	**LF** Appel, (gF)	1/8 RD	1	1
2	**LF** seitw. in Prom. Pos., (Fef)		**RF** seitw. in Prom. Pos., (Fef)		2	2
3	**RF** kreuzt vorw. in Prom. Pos.	3/8 RD	**LF** kreuzt vorw. in Prom. Pos.	1/8 RD	3	1
4	**LF** seitw., etw. rückw., (fF)		**RF** vorw., (Fef)		4	2
5	**RF** rückw. einspurig, (Bf)		**LF** vorw. einspurig, (Bf)		5	1
6	**LF** rückw. mit Gegenbewegung, (Bf)	1/4 RD	**RF** vorw. außenseitlich, (FeF)	1/4 RD	6	2
7	**RF** schl., (Bf) von 6–7 1/4 RD		**LF** seitw., (B)		7	1
8	**LF** Sur Place, (Bf)		**RF** am Platz bel., (Bf)	1/8 RD	8	2
9	**RF** Sur Place, (Bf)		**LF** kreuzt vorw., (Fef)	1/4 LD	1	1
10	**LF** Sur Place, (Bf)		**RF** seitw., (B)		2	2
11	**RF** Sur Place, (Bf)		**LF** am Platz bel., (Bf)		3	1
12	**LF** Sur Place, (Bf)		**RF** kreuzt vorw., (Fef)	1/4 RD	4	2
13	**RF** Sur Place, (Bf)		**LF** seitw., (B)		5	1
14	**LF** Sur Place, (Bf)		**RF** am Platz bel., (Bf)		6	2
15	**RF** Sur Place, (Bf)		**LF** vorw. zum Partner, (Fef)	1/8 LD	7	1
16	**LF** Sur Place, (beide B o. Bf)		**RF** schl., (beide B)		8	2
					=8 Takte	

Führung: Der Herr soll seinen Oberkörper nach rechts drehen, während er bei den Schritten 7 und 13 die Dame nach rechts führt. Die Führung wird durch Gegendruck mit dem Partner unterstützt. Bei Schritt 10 verfährt der Herr zur linken Seite ebenso.

Endposition: Geschl. GÜSt Lat. oder Stand., H. Front z. Mi.

Nachher: Sur Place, Basic Movement, Appel-Attack, Coup de Pique.

1

2

3

4

5

6

7

8

9

10

11

12

13

14

15

16

Separation with Fallaway Ending

Trennung mit Rückfall-Ende

Vorher: Sur Place, Separation, Chasses to Right, Appel-Attack.

Ausgangsposition: Geschlossene Gegenüberstellung Lat. oder Stand., Herr Front in Tanzrichtung.

Schritt	HERR		DAME		Rhythmus	
1	**RF** Appel, (gF)		**LF** Appel, (gF)		1	1
2	**LF** vorw., (Fef)		**RF** rückw., (Bf)		2	2
3	**RF** schl., (B)		**LF** rückw., (B)		3	1
4	**LF** Sur Place, (B)		**RF** schl., (B)		4	2
5–8	**RF, LF, RF, LF** Sur Place, (B, B, B, Bf)		**LF, RF, LF, RF** vorw. Basic Movements, (B, B, B, Bf)		5–8	1,2 1,2
9	**RF** vorw. a. P., (Fef)	¼ RD	**LF** vorw. a. P., (Fef)	¼ RD	1	1
10	**LF** vorw. a. P., (Fef)	¼ RD	**RF** vorw. a. P., (Fef)	¼ RD	2	2
11	**RF** rückw., etwas seitw., in Rückf. Pos., (Bf)	⅛ RD	**LF** rückw., etwas seitw., in Rückf. Pos., (Bf)	⅜ RD	3	1
12	**LF** rückw. einspurig in Rückf.Pos., (Bf)	⅛ RD (12–13)	**RF** rückw. einspurig in Rückf.Pos., (Bf)	⅛ LD (12–13)	4	2
13	**RF** seitw., (B o. Bf)		**LF** seitw., (B o. Bf)		5	1
14	**LF** schl., (B o. Bf)		**RF** schl., (B o. Bf)		6	2
15	**RF** seitw., (B o. Bf)		**LF** seitw., (B o. Bf)		7	1
16	**LF** schl., (B o. Bf)		**RF** schl., (B o. Bf)		8	2
					=8 Takte	

Hinweis: Schritte 1–8 = »Separation«.

Führung: Der Herr beginnt bei Schritt 2, durch Senken des linken Armes, die Dame von sich weg zu führen. Dann löst er die rechte Hand, und führt die Dame bei 3 mit dem linken Arm weiter in die Trennungsposition. Er führt die Dame während der Schritte 5–8 allmählich an seine rechte Seite in die Tanzhaltung. Bei Schritt 4 kann erhoben, dann gleichmäßig von 5–8 abgesenkt werden.

Endposition: Geschl. Gegenüberstellung Lat. o. Stand., Herr Front z. Mitte.

Nachher: Sur Place, Basic Movement, Appel-Attack, Coup de Pique.

2

3

4

8

9

10

11

12

13, 15

Promenades Promenaden

Vorher: Sur Place, Basic Movement, Chasses To Right.

Ausgangsposition: Geschlossene Gegenüberstellung Lat. oder Stand., Herr Front zur Wand.

Schritt	HERR		DAME		Rhythmus	
1	**RF** Appel, (gF)	⅛ LD	**LF** Appel, (gF)	⅛ RD	1	1
2	**LF** seitw. in Prom. Pos., (Fef)		**RF** seitw. in Prom. Pos., (Fef)		2	2
3	**RF** kreuzt vorw. in Prom. Pos., (Fef)	⅜ RD	**LF** kreuzt vorw. in Prom. Pos., (Fef)	⅛ RD	3	1
4	**LF** rückw., etwas seitw., (Bf)		**RF** vorw., etwas seitw., (Fef)		4	2
5	**RF** seitwärts in Gegen-Prom. Pos., (Fef)	⅛ RD	**LF** seitw. in Gegen-Prom. Pos., (Fef)	⅛ LD	5	1
6	**LF** kreuzt vorw. in Gegen-Prom. Pos., (Fef)	⅛ RD	**RF** kreuzt vorw. in Gegen-Prom. Pos., (Fef)	⅜ RD	6	2
7	**RF** vorw. etwas seitw. (Fef)		**LF** rückw. etwas seitw., (Bf)		7	1
8	**LF** seitw. in Prom. Pos., (Fef)	⅛ LD	**RF** seitw. in Prom. Pos., (Fef)	⅛ RD	8	2
					= 4 Takte	

Hinweise: Während der Schritte 4–7 kann auch stärker gedreht werden, um mehr Fortbewegung zu erreichen.

Endposition: Promenaden Position, Bewegung geht gegen die Tanzrichtung.

Nachher: Sur Place, Basic Movement, Promenade Link 3 und 4, Grand Circle.

1

2

3

4

5

6

7

8

Grand Circle Großer Kreis

Vorher: Promenades.

Ausgangsposition: Promenaden Position.

Schritt	HERR		DAME		Rhythmus	
1	**RF** kreuzt vorw. in Prom. Pos., (Fef)		**LF** vorw. in Prom. Pos., (Fef)		1	1
2–8	**LF** u. **RF** belastet ½ LD am Platz, bis **LF** vorw. bel. in Prom. Pos., (beide Füße mit Ballendruck, vorderer F. flach)		**RF, LF, RF, LF, RF, LF, RF,** 7 Schritte vorw. in Prom. Pos. um den Partner herumlaufen, (2–7 B, 8 Bf) von 2–8 ½ LD		2 3 4 5 6 7,8	2 1 2 1 1,2
9	**RF** kreuzt vorw. in Prom. Pos., (Fef)	⅛ LD	**LF** vorw. in Prom. Pos., (Fef)	⅜ LD	1	1
10	**LF** schl., (beide B)		**RF** schl., (beide B)		2	2
					=5 Takte	

Hinweise: Bewegung geht gegen die Tanzrichtung, auch andere Richtungen sind möglich.
Außerdem ist mehr Drehung möglich.

Endposition: Geschlossene Gegenüberstellung Lat. oder Stand., Herr Front in Tanzrichtung; bzw. entsprechende Richtung.

Nachher: Sur Place, Basic Movement, Appel-Attack, Separation; man kann die Figur von 1–8 durchgehend zählen, wenn die Schritte 7, 8 weggelassen werden.

Ausgangsposition

1

4

8

9

10

Coup de Pique *Coup de Pique*

Vorher: Sur Place, Chasses to Right, Promenade Link, Separation with Fallaway Ending.

Ausgangsposition: Geschlossene Gegenüberstellung Lat. oder Stand., Herr Front zur Mitte, auch andere Richtungen sind möglich.

Schritt	HERR	DAME	Rhythmus	
1	**RF** kreuzt vorw. ohne Gewicht in Prom. Pos., L Knie gebeugt, (LF-Bf; Außenkante RSP) ⅛ LD	**LF** kreuzt vorw. ohne Gewicht in Prom. Pos., R Knie gebeugt, (RF-Bf; Außenkante LSP) ⅛ RD	1	1
2	**RF** schl., (beide Sp) } ⅛ RD	**LF** schl., (beide Sp) } ⅛ LD	2	2
3	**LF** rückw. in Rückf. Pos., (beide B) } ⅛ LD	**RF** rückw. in Rückf. Pos., (beide B) } ⅛ RD	3	1
4	**RF** schl., (beide Sp) } ⅛ RD	**LF** schl., (beide Sp) } ⅛ LD	4	2
5	**LF** rückw. in Rückf. Pos., (beide B) } ⅛ LD	**RF** rückw. in Rückf. Pos., (beide B) } ⅛ RD	5	1
6	**RF** seitw., (B) } ⅛ RD (Pos., (beide B) – 6)	**LF** seitw., } ⅛ LD (Pos., (beide B) – 6)	6	2
7	**LF** schl., (B)	**RF** schl., (B)	+	und
8	**RF** seitw., (B)	**LF** seitw., (B)	7	1
9	**LF** schl., (B o. Bf)	**RF** schl., (B o. Bf)	8	2
			=4 Takte	

Hinweise: Bei 1–6 ist auch jeweils ¼ Drehungen möglich.
Weitere Variante: Tanze die Schritte 1–4, danach Sur Place (Herr LF, Dame RF), zähle »und«; wiederhole Coup de Pique.

Endposition: Geschlossene Gegenüberstellung Lat. oder Stand., Herr Front zur Mitte, bzw. entsprechende Richtung.

Nachher: Sur Place, Basic Movement, Appel-Attack.

1

2

3

4

5

6

7

8

9

Figurenfolgen

Aus den bisher beschriebenen Figuren werden drei Figurenfolgen vorgeschlagen.
Sie sind so zusammengestellt, daß sie entweder in sich wiederholt werden können, oder dem Leistungsstand entsprechend auch hintereinander getanzt werden können.

Figuren	Schritte		Takte
Folge 1			
Appel-Attack (¼ LD)	→ S. 88	(1–4)	2
Chasses to Right (¼ LD)	→ S. 90	(1–4)	2
Appel-Attack (¼ LD)	→ S. 88	(1–4)	2
Chasses to Right (¼ LD)	→ S. 90	(1–4)	2
Promenade Link	→ S. 92	(1–4)	2
Chasses to Right	→ S. 90	(1–4)	2
Promenade Link	→ S. 92	(1–4)	2
Chasses to Right	→ S. 90	(1–4)	2
Separation	→ S. 96	(1–8, 1–8)	8
			24
Folge 2			
Separation	→ S. 96	(1–8)	4
Separation with Fallaway Ending	→ S. 96	(1–16)	8
Appell-Attack (¼ LD)	→ S. 88	(1–4)	2
Chasses to Right (¼ LD)	→ S. 90	(1–4)	2
Sixteen	→ S. 94	(1–16)	8
Appell-Attack (¼ LD)	→ S. 88	(1–4)	2
Chasses to Right (¼ LD)	→ S. 90	(1–4)	2
Appell-Attack (¼ LD)	→ S. 88	(1–4)	2
			30
Folge 3			
Separation	→ S. 96	(1–8)	4
Separation with Fallaway Ending	→ S. 96	(1–16)	8
Coup de Pique	→ S. 102	(1–9)	4
Appell-Attack (¼ LD)	→ S. 88	(1–4)	2
Chasses to Right (¼ LD)	→ S. 90	(1–4)	2
Promenades	→ S. 98	(1–8)	4
Grand Circle	→ S. 100	(1–10)	5
			29

Bianca Schreiber/Hans-Reinhard Galke, Freiburg

Jive

Woher kommt der Jive?

Der Jive ist heute die international anerkannte Bezeichnung für einen Tanz, der vielfältige verwandte Vorläufer hat, die afroamerikanischen Ursprungs sind. Dazu gehören zu Beginn der dreißiger Jahre der Lindy Hop, Blues und Swing, in den vierziger Jahren der Boogie oder Boogie-Woogie, der Jitterbug und Bebop, gefolgt in den fünfziger Jahren vom Rock'n'Roll. Charakteristisch für alle diese Tanzformen war und ist heute noch die stimulierende Musik, die aufgrund ihrer rhythmischen Akzentuierung Jung und Alt in ihren Bann zog und zieht.

Die in den USA beheimateten Tänze brachten vor allem amerikanische Soldaten um 1940 nach Europa, wo sie durch ihren offenen Bewegungsstil in Verbindung mit akrobatischen Würfen bei der Jugend schnell sehr beliebt wurden. Der Boogie wurde nach dem Krieg zur dominierenden Musik. Als »artfremder«, »ordinärer« Tanz fand er aber nicht nur Freunde. Die Kritiker suchten nach einer gemäßigteren Form, um diese Art des Tanzens gesellschaftsfähig zu machen. Es waren englische Tanzlehrer, die mit etwas langsamerer Musik den eleganten und doch lebendigen Jive entwickelten. 1968 wurde er als fünfter Turniertanz zu den Lateinamerikanischen Tänzen aufgenommen.

Musik: Schnell, swingend, ansteckend temperamentvoll, jung, lebensfroh, unbekümmert, meist synkopisch betont (Rock'n Roll-Betonung).
Je nach Musikstück können die Taktteile aber auch anders betont sein.
Folgende Möglichkeiten der Akzentuierung gibt es: **1**, 2, **3**, 4; 1, **2**, 3, **4**; **1**, **2**, **3**, **4**; **1** und **2** und **3** und **4** und

Takt: $^{4}/_{4}$

Rhythmus:

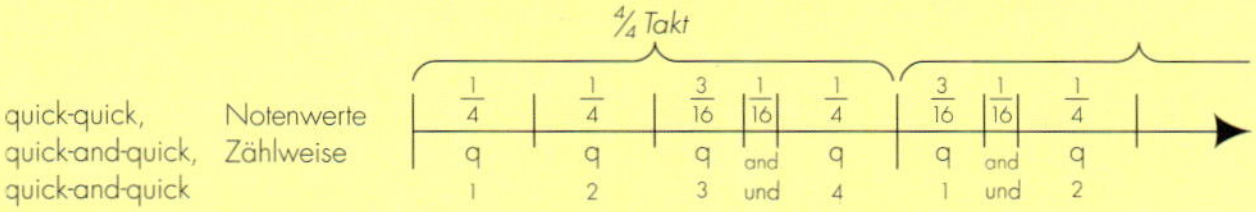

Tempo: Je nach Können 40–46 Takte pro Minute möglich.
Im Turnier: 44 Takte pro Minute.

Wie tanzt man Jive?

Der **tänzerische Charakter** des Jives ist jung, spritzig, witzig, temperamentvoll und rhythmisch; der Tanz ist zum Toben geeignet. Die Paare wirken leicht, wie Ping-Pong-Bälle, springlebendig und unbeschwert, die Figuren spielen mit der Musik. Die Tänzer betonen mit ihren Schritten die musikalischen Akzente (meist Synkopen).

Grundhaltung

In geschlossener Gegenüberstellung Latein beträgt der Abstand zu den Füßen des Partners ca. 15 cm. In der Ausgangsposition sind die Füße entweder parallel geschlossen, die rechten Fußspitzen zeigen zwischen die Füße des Partners, oder ein Fuß wird seitwärts gehalten, wobei das Gewicht auf dem Standfuß ruht. Obwohl die Körper aufrecht sind, sollte zwischen Oberkörper und Beinen ein ganz leichter Winkel entstehen (kein Hohlkreuz, kein runder Rücken!). Die Köpfe sind erhoben und es besteht Blickkontakt. Der Herr plaziert seine rechte Hand auf dem linken Schulterblatt der Dame und hält seine linke Hand etwa in Augenhöhe. Die Dame hat ihre linke Hand ohne Gewicht auf seinem rechten Oberarm und legt ihre rechte Hand in seine linke Hand (Siehe S. 14).

Grundbewegungen

Die Jive-Schritte bestehen im wesentlichen aus den Elementen Rock (Wiegeschritt) und Chasse (Wechselschritt mit Rollen der Hüften).

Rock

Der Rock (Herr LF, Dame RF klein rückw.) besteht aus einem kleinen Schritt, bei dem die Ferse abgesenkt wird, den Boden aber nicht berühren

muß, und aus einem betonten Aufsetzen des flachen vorderen Fußes. Die Knie werden leicht gestreckt und die Hüfte kann etwas mit zurück- bzw. vorgenommen werden. Wird das betonte Aufsetzen des vorderen Fußes nicht am Platz getanzt, sondern nach vorne verlängert, so kann der Schritt auch auf der Ferse angesetzt werden (siehe z. B. Damenschritt bei Change of Places Left to Right S. 114 oder Change of Hands behind Back S. 116). Die Rockbewegung kann, je nach Ausgangsposition, ohne (wie bei Link Rock) oder mit Drehung (wie bei Fallaway Rock) getanzt werden.
Variationen des Rock-(Wiege-)Schrittes (Rhythmus q and q):
1. Kick mit LF – LF (Ballen) hinter RF – RF bel. (= »kick-ball-change«)
2. Zögern auf RF – LF (Ballen) hinter RF – RF bel.
3. Zögern auf RF – LF vorw. bel. – RF vorw. (2)
Die Dame tanzt entsprechend mit dem RF beginnend. Die Formen 2. und 3. sind nur nach einem rückwärts beendeten Chasse möglich.

Chasse

Unter Chasse versteht man im Jive eine Folge von drei Schritten mit leichter Federung in Fuß- und Kniegelenken (bounce). In der Grundform geht der erste Schritt klein seitw. bei 1 (3/4 Schlag), der zweite Schritt schließt halb bei »and« (1/4 Schlag) und der dritte Schritt geht wieder seitw. bei 2 (1/1 Schlag). Man tanzt dreimal mit fla-

1a

Damen-Grundschritt (Rock, Chasse)

1b

2

3

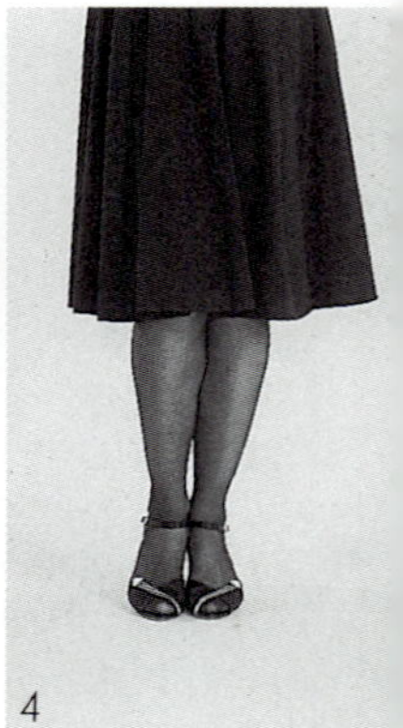
4

chem Ballen (Bf), oder Ballen flach, Ballen, Ballen flach. Bei sehr schneller Musik kann das Chasse auch Ballen, Ballen, Ballen flach getanzt werden, wodurch ein stark federnder Effekt entsteht. Die Chasse-Schritte sollten immer unter dem Körper, das bedeutet nicht über Hüftbreite hinaus getanzt werden. Je schneller die Musik, desto kleiner sollten die Chasses ausfallen.

Jive-Chasse kann ohne oder mit Drehung, vorwärts, rückwärts, seitwärts oder am Platz getanzt werden. In seiner fortgeschrittenen Form kann das Chasse im Jive bewegungstechnisch variiert werden:

1. Als »locking action«, das bedeutet vorw. oder rückw. kreuzend getanzt.
2. Als »running action«, das bedeutet als drei Laufschritte getanzt.
3. Mit einem Schritt (slow) getanzt.
4. Als »step-tap« oder »tap-step« im Rhythmus quick-quick getanzt.

Der Grundrhythmus in den Knien quick-and-quick darf dabei nicht verlorengehen.

Armbewegung

Bei den Figuren im Jive werden die freien Arme, im Gegensatz zu den anderen Tänzen, sehr locker, schwungvoll und entspannt pendelnd bewegt.

Bewegungsrichtung

Der Jive ist ein stationärer Tanz, der weitgehend am Platz stattfindet.

Startrichtung

Der Jive kann in jeder Richtung begonnen werden. Zur eigenen Orientierung ist es zu empfehlen, daß der Herr Front in Tanzrichtung beginnt.

Startfüße

Der Herr beginnt mit dem LF, die Dame mit dem RF.

Auswahl der Figuren

Nach dem Studium der einzelnen Figuren können die Figurenfolgen auf S. 128 Anregung zum Üben sein. Natürlich sind auch andere Kombinationen möglich (siehe »Vorher«, »Nachher«).

6

7

8

Fallaway Rock *Rückfall-Grundschritt*

Vorher: Fallaway Rock, Link Rock, Whip.

Ausgangsposition: Geschlossene Gegenüberstellung Lat.

Schritt	HERR		DAME		Rhythmus	
1	**LF** rückw. in Rückfall-Pos.	⅛ LD	**RF** rückw. in Rückfall-Pos.	¼ RD	1	q
2	**RF** vorw. am Platz bel. in Promenaden-Pos.		**LF** vorw. am Platz bel. in Promenaden-Pos.		2	q
3	**LF** Chasse seitw.		**RF** Chasse seitw.		3	q
4	**RF**	⅛ RD	**LF**	¼ LD	+	and
5	**LF**		**RF**		4	q
6	**RF** Chasse seitw.		**LF** Chasse seitw.		5	q
7	**LF**		**RF**		+	and
8	**RF**		**LF**		6	q
					= 1½ Takte	

Hinweise: Der Fallaway Rock kann auch mit anderen Drehungsumfängen getanzt werden.

Führung: Bei 1 führt der Herr die Dame durch den Druck der gefaßten Hand in ihre Rechtsdrehung, von 2–5 führt er sie durch seine rechte Hand auf ihrem Rücken wieder nach links.

Endposition: Geschlossene Gegenüberstellung Lat.

Nachher: Fallaway Rock, Change of Places Right to Left.

1

5

8

Link Rock Ketten-Grundschritt

Vorher: Change of Places Right to Left, Change of Places Left to Right, Change of Hands behind Back, American Spin, Stop and Go, Rolling off the Arm.

Ausgangsposition: Offene Gegenüberstellung.

Schritt	HERR	DAME	Rhythmus
1	**LF** rückw.	**RF** rückw.	1 q
2	**RF** vorw. am Platz bel.	**LF** vorw. oder vorw. am Platz bel.	2 q
3	**LF** } Chasse vorw.	**RF** } Chasse vorw.	3 q
4	**RF** } Chasse vorw.	**LF** } Chasse vorw.	+ and
5	**LF** } Chasse vorw.	**RF** } Chasse vorw.	4 q
6	**RF** } Chasse seitw.	**LF** } Chasse seitw.	5 q
7	**LF** } Chasse seitw.	**RF** } Chasse seitw.	+ and
8	**RF** } Chasse seitw.	**LF** } Chasse seitw.	6 q
			= 1½ Takte

Hinweise: Die Schritte 1–5 werden als »Link« bezeichnet.

Führung: Bei 2 wird die Dame vorwärts geführt, von 6–8 normale Tanzhaltung eingenommen.

Endposition: Geschlossene Gegenüberstellung Lat.

Nachher: Fallaway Rock, Change of Places Right to Left. Nach Schritt 5: Whip.

1

5

8

Change of Places Right to Left

Platzwechsel von rechts nach links

Vorher: Fallaway Rock, Link Rock, Whip.

Ausgangsposition: Geschlossene Gegenüberstellung Lat.

Schritt	HERR	DAME		Rhythmus
1	**LF** rückw. in Rückfall-Pos., ⅛ LD	**RF** rückw. in Rückfall-Pos., ¼ RD		1 q
2	**RF** vorw. am Platz bel. in Promenaden-Pos.	**LF** vorw. am Platz bel. in Promenaden-Pos.	¼ LD (2–4)	2 q
3	**LF** Chasse seitw. (3–5)	**RF** Chasse seitw. (3–5)		3 q
4	**RF**	**LF**		+ and
5	**LF**	**RF**	¾ RD (5–8)	4 q
6	**RF** Chasse vorw., ⅛ LD (6–8)	**LF** Chasse rückw. (6–8)		5 q
7	**LF**	**RF**		+ and
8	**RF**	**LF**		6 q
				= 1½ Takte

Führung: Bei 5 die gefaßten Hände heben, die Dame beginnt nach rechts zu drehen, von 6–8 die Dame unter den erhobenen Händen weiter nach rechts drehen lassen, dabei löst der Herr die rechte Handhaltung. Am Ende der Damendrehung die gefaßten Hände senken.
Die Dame kann auch am Ende des Platzwechsels in die »Handshake«-Haltung geführt werden.

Endposition: Offene Gegenüberstellung.

Nachher: Link Rock, Change of Places Left to Right, Change of Hands behind Back, American Spin, Stop and Go.

1

2

5

8

Change of Places Left to Right

Platzwechsel von links nach rechts

Ausgangsposition: Offene Gegenüberstellung.

Vorher: Change of Places Right to Left, Change of Places Left to Right, Change of Hands behind Back, American Spin, Stop and Go, Rolling off the Arm.

Schritt	HERR		DAME		Rhythmus
1	**LF** rückw.		**RF** rückw.		1 q
2	**RF** vorw. am Platz bel.	¼ RD (2–5)	**LF** vorw. oder vorw. am Platz bel.	¾ LD (2–5)	2 q
3	**LF** Chasse am Platz (3–5)		**RF** Chasse vorw. (3–5)		3 q
4	**RF**		**LF**		+ and
5	**LF**		**RF**		4 q
6	**RF** Chasse vorw. (6–8)		**LF** Chasse rückw. (6–8)		5 q
7	**LF**		**RF**		+ and
8	**RF**		**LF**		6 q
					= 1½ Takte

Hinweise: Die Figur kann auch mit einem anderen Drehungsumfang getanzt werden: Herr: Von 3–5 bis zu ⅜ RD, Dame: Von 2–6 bis zu ⅝ LD.

Führung: Bei 2 die Dame vorwärts führen und von 3–5 unter den gehobenen Händen nach links drehen lassen, von 6–8 die Damendrehung vollenden lassen und am Ende die gefaßten Hände senken.
Wenn die Figur mit »Handshake«-Haltung begonnen wird, ist während der Linksdrehung der Dame die rechte Handhaltung zu lösen. Am Ende der Damendrehung nimmt der Herr die rechte Damenhand in seine linke Hand.

Endposition: Offene Gegenüberstellung.

Nachher: Link Rock, Change of Places Left to Right, Change of Hands behind Back, American Spin, Stop and Go, Rolling off the Arm, Toe Heel Swivels.

1

2

5

8

Change of Hands behind Back

Hand- und Platzwechsel

Vorher: Change of Places Right to Left, Change of Places Left to Right, Change of Hands behind Back, American Spin, Stop and Go, Rolling off the Arm.

Ausgangsposition: Offene Gegenüberstellung.

Schritt	HERR		DAME		Rhythmus
1	**LF** rückw.		**RF** rückw.		1 q
2	**RF** vorw. oder vorw. am Platz bel.		**LF** vorw. oder vorw. am Platz bel.		2 q
3	**LF** Chasse vorw.	½ LD	**RF** Chasse vorw.	½ LD	3 q
4	**RF**		**LF**		+ and
5	**LF**		**RF**		4 q
6	**RF** Chasse seitw. etw. rückw.		**LF** Chasse seitw. etw. rückw.		5 q
7	**LF**		**RF**		+ and
8	**RF**		**LF**		6 q
					= 1 ½ Takte

Führung: Von 3–5 legt der Herr die rechte Hand über die rechte Hand der Dame, löst die linke Handhaltung und führt die Dame vorw. an seine rechte Seite. Von 6–8 wechselt die rechte Hand der Dame in die linke Hand des Herrn hinter seinem Rücken.

Endposition:
Offene Gegenüberstellung.

Nachher: Link Rock, Change of Places Left to Right, Change of Hands behind Back, American Spin, Stop and Go, Rolling off the Arm, Toe Heel Swivels.

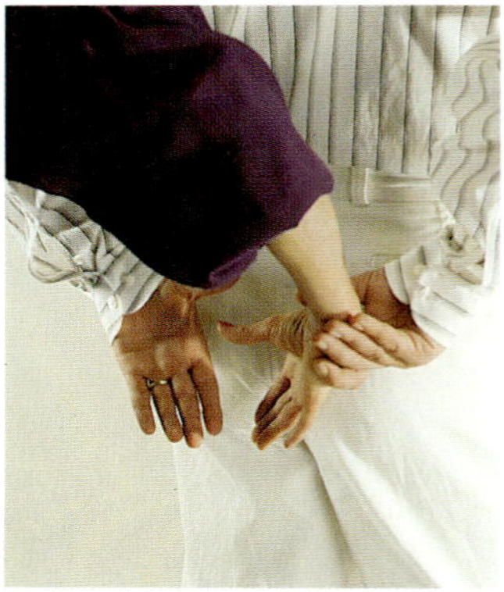

Handwechsel hinter dem Rücken des Herrn bei Schritt 6

1

2

3

5

8

American Spin Amerikanischer Kreisel

Vorher: Change of Places Right to Left, Change of Places Left to Right, Change of Hands behind Back, American Spin, Stop and Go.

Ausgangsposition: Offene Gegenüberstellung, »Handshake«-Haltung.

Schritt	HERR	DAME	Rhythmus
1	**LF** rückw.	**RF** rückw.	1 q
2	**RF** vorw. am Platz bel.	**LF** vorw. am Platz bel.	2 q
3	**LF** } Chasse am Platz	**RF** } Chasse vorw.	3 q
4	**RF** }	**LF** } am Ende von 5: ¹⁄₁ RD	+ and
5	**LF** }	**RF** }	4 q
6	**RF** } Chasse am Platz	**LF** } Chasse rückw.,	5 q
7	**LF** }	**RF** } RD vollenden	+ and
8	**RF** }	**LF** }	6 q
			= 1 ½ Takte

Führung: Von 3–5 die Dame vorwärts führen. Bei 5 lehnt sich die Dame leicht gegen den Arm des Herrn. Mit Abdruck wird die rechte Handhaltung gelöst. Am Ende der Damendrehung faßt der Herr die rechte Hand der Dame mit seiner linken oder rechten Hand.

Andere Möglichkeiten, den American Spin zu tanzen:

- Der Herr führt die Drehung mit der linken Hand, dadurch ist kein Handwechsel bei der vorhergehenden Figur notwendig.
- Bei der vorangehenden Figur (Change of Places Left to Right) wird die Handhaltung beibehalten und die gefaßten Hände am Ende von 5 gehoben. Die Dame wird dann unter den erhobenen Händen gedreht. Am Ende der Damendrehung werden die Arme wieder gesenkt.

Endposition: Offene Gegenüberstellung.

Nachher: Link Rock, Change of Places Left to Right, Change of Hands behind Back, American Spin, Stop and Go.

1

2

3

5

8

Stop and Go *Stop und Geh*

Vorher: Change of Places Right to Left, Change of Places Left to Right, Change of Hands behind Back, American Spin, Stop and Go.

Ausgangsposition: Offene Gegenüberstellung.

Schritt	HERR	DAME		Rhythmus
1	**LF** rückw.	**RF** rückw.		1 q
2	**RF** vorw. am Platz bel.	**LF** vorw. oder vorw. am Platz bel.	½ LD	2 q
3	**LF** } Chasse klein vorw.	**RF** } Chasse, in R-Seit-Position	½ LD	3 q
4	**RF** } Chasse klein vorw.	**LF** } Chasse, in R-Seit-Position	½ LD	+ and
5	**LF** } Chasse klein vorw.	**RF** } Chasse, in R-Seit-Position	½ LD	4 q
6	**RF** vorw.	**LF** rückw.		1 q
7	**LF** rückw. am Platz bel.	**RF** vorw. oder vorw. am Platz bel.	½ RD	2 q
8	**RF** } Chasse klein rückw.	**LF** } Chasse am Platz,	½ RD	3 q
9	**LF** } Chasse klein rückw.	**RF** } Chasse am Platz,	½ RD	+ and
10	**RF** } Chasse klein rückw.	**LF** } Chasse am Platz,	½ RD	4 q
				= 2 Takte

Führung: Bei 2 wird die Linksdrehung der Dame begonnen. Von 3–5 wird die Dame unter den erhobenen Armen weiter nach links geführt bis zur Rechts-Seit-Position. Bei 5 wird die Drehung der Dame durch die rechte Hand des Herrn auf ihrem Rücken gestoppt. Die gefaßten Hände werden gesenkt. Bei 6 wird die Dame rückw., bei 7 vorw. geführt und gleichzeitig die Rechtsdrehung der Dame begonnen. Von 8–10 wird die Dame unter den erhobenen Armen weiter nach rechts gedreht. Am Ende der Damendrehung werden die gefaßten Hände gesenkt.

Endposition: Offene Gegenüberstellung.

Nachher: Link Rock, Change of Places Left to Right, Change of Hands behind Back, American Spin, Stop and Go.

1

2

5

6

7

10

Rolling off the Arm Einrollen – Ausrollen

Vorher: Link Rock (mit Handshake), Change of Places Left to Right, Rolling off the Arm.

Ausgangsposition: Offene Gegenüberstellung, Handshake-Haltung.

Schritt	HERR		DAME		Rhythmus	
1	**LF** rückw.		**RF** rückw.		1	q
2	**RF** vorw. am Platz bel.		**LF** vorw. oder vorw. am Platz bel.		2	q
3	**LF** } Chasse am Platz	¼ RD	**RF** } Chasse am Platz in R-Seit-Pos.	¼ LD	3	q
4	**RF**		**LF**		+	and
5	**LF**		**RF**		4	q
6	**RF** vorw. in R-Seit-Pos.,	½ RD	**LF** rückw. in R-Seit-Pos., }	½ RD	1	q
7	**LF** vorw.		**RF** rückw.		2	q
			am Ende von 7:	½ RD		
8	**RF** } Chasse vorw., ⅛ RD		**LF** } Chasse rückw.,	⅛ RD	3	q
9	**LF**		**RF**		+	and
10	**RF**		**LF**		4	q
					=2 Takte	

Führung: Von 2–5 wird die Dame nach links an die rechte Seite des Herrn in seinen rechten Arm geführt. Bei 6 und 7 wird die Dame in der Rechts-Seit-Position rückwärts geführt. Am Ende von 7 wird die Dame nach rechts gedreht, von 8–10 weiter nach rechts gedreht und aus dem Arm weggerollt. Die Hände bleiben gefaßt.

Hinweise: Andere Möglichkeiten, Rolling off the Arm zu tanzen:

- Am Ende von 7 werden die gefaßten rechten Hände gehoben und unter den erhobenen Händen wird die Dame stärker nach rechts gedreht (bei 7–10: 1⅝).
- Der Herr nimmt mit seiner rechten Hand die linke Hand der Dame, nachdem er seine linke Handhaltung bei der vorhergehenden Figur gelöst hat und behält diese Handhaltung während der ganzen Figur bei. Am Ende von 7 wird die Dame nach rechts gedreht und aus dem Arm weggerollt.

Endposition: Offene Gegenüberstellung, Handshake-Haltung.

Nachher: Change of Places Left to Right, Rolling off the Arm.

1

2

5

6

7

10

Toe Heel Swivels Spitze-Hacke-Drehung

Vorher: Fallaway Rock (1–8, 1–2), Link Rock (1–8, 1–2), Toe Heel Swivels.

Ausgangsposition: Geschlossene Gegenüberstellung, doppelte Handhaltung (am Ende der vorausgegangenen Figur) in Schulterhöhe, Arme gespannt.

Schritt	HERR		DAME		Rhythmus
1	RF etw. nach R drehen, **LSp** o. Gew. zum RF in Gegen-Prom.-Pos., Dame nach L drehen	⅛ RD	LF etw. nach L drehen, **RSp** o. Gew. zum LF in Gegen-Prom.-Pos.,	⅛ LD	1 q
2	RF etw. nach L drehen, **LFe** diag. vorw. o. Gew. in Prom.-Pos., Dame nach R drehen	¼ LD	LF etw. nach R drehen, **RFe** diag. vorw. o. Gew. in Prom.-Pos.,	¼ RD	2 q
3	RF etw. nach R drehen, **LF** überkreuz vorw. (klein) in Gegenprom.-Pos., Dame nach L drehen	¼ RD	LF etw. nach L drehen, **RF** überkreuz vorw. (klein) in Gegen-Prom.-Pos.,	¼ LD	3 q oder s
4	LF etw. nach L drehen, **RSp** o. Gew. zum LF in Prom.-Pos., Dame nach R drehen	¼ LD	RF etw. nach R drehen, **LSp** o. Gew. zum RF, in Prom.-Pos.,	¼ RD	4 q
5	LF etw. nach R drehen, **RFe** diag. vorw. o. Gew., in Gegen-Prom.-Pos., Dame nach L drehen	¼ RD	RF etw. nach L drehen, **LFe** diag. vorw. o. Gew., in Gegen-Prom.-Pos.,	¼ LD	5 q
6	LF etw. nach L drehen, **RF** überkreuz. vorw. (klein) in Prom.-Pos., Dame nach R drehen	¼ LD	RF etw. nach R drehen, **LF** überkreuz. vorw. (klein) in Prom.-Pos.,	¼ RD	6 q oder s
					= 1½ Takte

Endposition: Promenaden-Position, doppelte Handhaltung.

Nachher: Fallaway Rock 3–8 (beim 2. Chasse geschlossene Gegenüberstellung mit Tanzhaltung, Change of Places Right to Left 3–8, Toe Heel Swivels.

1

2

3

4

5

6

Whip Peitsche

Vorher: Link Rock 1–5, Fallaway Rock 1–5.

Ausgangsposition: Geschlossene Gegenüberstellung Lat.

Schritt	HERR		DAME		Rhythmus
	zwischen vorangehendem Schritt und 1:	¼ RD	zwischen vorangehendem Schritt und 1:	¼ RD	
1	**RF** kreuzt hinter LF, Spitze ausgedreht	¼ RD (1–2)	**LF** vorw. zur R Seite des Herrn	¼ RD (1–2)	1 q
2	**LF** seitw.		**RF** klein vorw. zwischen die Füße des Herrn		2 q
3	**RF** Chasse klein seitw., (3–5)	⅛ RD	**LF** Chasse seitw., (3–5)	⅜ RD	3 q
4	**LF**		**RF**		+ and
5	**RF**		**LF**		4 q
					= 1 Takt

Hinweise: Die Schritte 1–2 können beliebig oft wiederholt werden, bevor man mit 3–5 die Figur beendet.
Die Drehungsumfänge ändern sich entsprechend.

Endposition: Rückfall-Position oder Geschlossene Gegenüberstellung Lat.

Nachher: Fallaway Rock, Change of Places Right to Left.

Vor 1

1

2

5

Figurenfolgen

Aus den bisher beschriebenen Figuren werden drei Figurenfolgen vorgeschlagen.
Sie sind so zusammengestellt, daß sie entweder in sich wiederholt werden können, oder dem Leistungsstand entsprechend auch hintereinander getanzt werden können.

Figuren	Schritte	Takte
Folge 1		
Fallaway Rock	→ S. 110 (1–8)	1½
Change of Places Right to Left	→ S. 112 (1–8)	1½
Change of Places Left to Right	→ S. 114 (1–8)	1½
American Spin	→ S. 118 (1–8, 1–8)	3
Change of Hands behind Back	→ S. 116 (1–8, 1–8)	3
Link Rock	→ S. 111 (1–8)	1½
		12
Folge 2		
Fallaway Rock	→ S. 110 (1–8)	1½
Change of Places Right to Left	→ S. 112 (1–8)	1½
Stop and Go	→ S. 120 (1–10, 1–10)	4
Change of Places Left to Right	→ S. 114 (1–8)	1½
American Spin	→ S. 118 (1–8)	1½
Link Rock	→ S. 111 (1–5)	1
Whip	→ S. 126 (1–5)	1
		12
Folge 3		
Fallaway Rock	→ S. 110 (1–8)	1½
Change of Places Right to Left	→ S. 112 (1–8)	1½
Rolling off the Arm	→ S. 122 (1–10, 1–10)	4
Change of Places Left to Right	→ S. 114 (1–8)	1½
Link Rock	→ S. 111 (1–2)	½
Toe Heel Swivels (qqs qqs)	→ S. 124 (1–6)	2
Toe Heel Swivels (qqq qqq)	→ S. 124 (1–6)	1½
Change of Places Right to Left	→ S. 112 (3–8)	1
Link Rock	→ S. 111 (1–8)	1½
		15

Nicki Prager/Dušan Dražić, München

Mambo/Salsa

Woher kommt Mambo/Salsa?

Mambo war zunächst eine Bezeichnung afrokubanischer Musik. Das Wort Mambo stammte aus dem religiösen Bereich und bedeutete soviel wie heilige Handlung, aber auch Versammlung, Gespräch. Die Trommeln als heilige Geräte redeten miteinander und auch mit den Göttern. Diese polymetrische Unterhaltung, d. h., daß jeder Musiker individuell seinen eigenen Rhythmus in verschiedenen Tonlagen schlug, nannte man Mambo.
Auch im modernen Mambo kann man die Überschneidung und Verbindung unterschiedlicher Rhythmen finden.
Der in Kuba geborene Anselmo Sacasas entwickelte den ersten Mambo-Stil. Sein 1944 erschienener Mambo war in allen Hitlisten zu finden. Unter den vielen afrokubanischen Tanzorchestern war das von Machito berühmt und führend im Mambo-Stil. Im Zweiten Weltkrieg, als kubanische Musiker nach den USA einwanderten, kam es zur Verflechtung des nordamerikanischen Jazz mit den kubanischen Rhythmen (»Afro-Cuban-Jazz«). Vor allem die Betonung des damaligen Swing auf die Taktschläge 2 und 4 faszinierte die kubanischen Musiker, so daß sie diesen Rhythmus für den Mambo übernahmen.
Der Tanz Mambo orientierte sich an den vorgegebenen Rhythmen, man griff auf originalkubanische Schritte zurück: seit – vor – rück, seit – rück – vor (sqq, sqq), und legte damit das englische System der Rumba zugrunde. Nach dem Krieg herrschte jahrelang völlige Verwirrung über die Technik und Ausführung des Mambo. Schließlich konnte sich als Sprößling der langsamer gespielte Cha-Cha-Cha durchsetzen und in England blieb der »Cuban Style« in der Rumba enthalten.
Nach jahrzehntelanger Vergessenheit hat im Jahre 1987 eine Filmwelle den Mambo wieder ins Bewußtsein vor allem der jungen Leute geholt. Mit »Dirty Dancing«, dem Filmhit aus den USA mit seinem Hauptdarsteller Patrick Swayze, brach ein Tanzfieber aus. Mit unbeschreiblicher Begeisterung und großer Leidenschaft versuchten Jugendliche im Dirty-Dancing-Look den erotischen Stil des Mambo auf dem Tanzparkett, bei Tanzwettbewerben und in der Mode umzusetzen.
Das Wort »Salsa« ist nicht der Name eines Tanzes oder einer Tanzfigur; das Wort bedeutet »heiß«, im Sinne von scharf, würzig.
Salsa ist eine besondere Art Mambo zu tanzen. Der »Salsero« interpretiert die Musik mit lebhafteren Armbewegungen und mit schnellen Drehungen.

Wie tanzt man Mambo/Salsa

Der **tänzerische Charakter** von Mambo und Salsa ist erotisch und spannungsgeladen, aber auch temperamentvoll und spielerisch. Der Streifen »Dirty Dancing« und der nachfolgende Tanzfilm »Salsa« begeisterte durch eine latino-erotische Mischung aus dem Mambo der fünfziger Jahre und den modernen Salsa-Bewegungen. Ob »Salsa« oder »Mambo«, die Schritte sind gleich, nur die rhythmischen Akzente unterscheiden sich (siehe Rhythmus). Der Rhythmus wird mit viel Isolation im Brustkorb und in den Hüften, mit vielen, schnellen Drehungen und mit lebhaften Armbewegungen interpretiert. Die Musik ist dem Samba, die Tanzschritte sind der Rumba ähnlich. Man könnte bei Mambo und Salsa auch von einem Rumba-Swing sprechen. Mambo und Salsa sind nicht so durchchoreographiert wie die Turniertänze, sie sind freier in ihrer Form und bestechen mit graziöser Lässigkeit.

Grundhaltung

In geschlossener Gegenüberstellung Latein beträgt der Abstand zu den Füßen des Partners ca. 10 cm. In der Ausgangsposition sind die Füße entweder parallel geschlossen, die rechten Fußspitzen zeigen zwischen die Füße des Partners, oder ein Fuß wird seitwärts gehalten, wobei das Gewicht auf dem Standfuß ruht. Die Körper sind aufrecht, die Köpfe erhoben, und es besteht Blickkontakt. Der Herr plaziert seine rechte Hand auf dem linken Schulterblatt der Dame und hält seine linke Hand etwa in Augenhöhe. Die Dame legt ihre linke Hand ohne Gewicht auf seine rechte Schulter und faßt mit der rechten Hand seine linke Hand. Bei den gefaßten Händen nähern sich die Unterarme und stehen dadurch fast senkrecht.

Musik: Schnell, treibend, heftig, rhythmisch schwierig wegen der Überschneidung und Verbindung unterschiedlicher Rhythmen, spannungsgeladen, synkoptisch, dem Samba ähnlich.

Takt: $^4/_4$

Rhythmus:

Mambo
2, 3, 4, 1 Notenwerte
Zählweise

Salsa
1, 2, 3, 4 Notenwerte
Zählweise

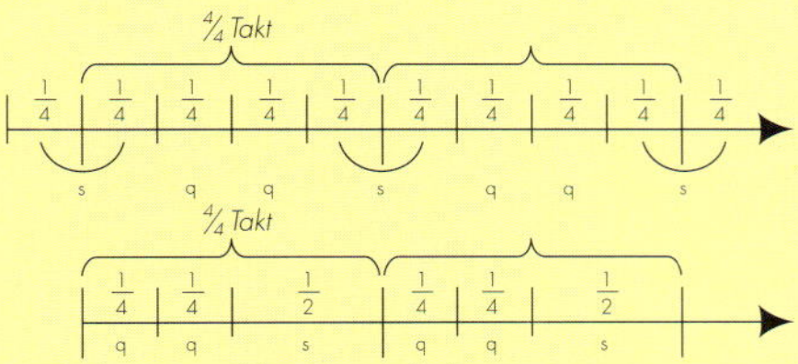

Tempo: Je nach Können 36–52 Takte pro Minute möglich.

Bewegungsrichtung
Alle Figuren bewegen sich frei im Raum und wirken relativ stationär.

Startfüße
Der Mambo-Tänzer beginnt, wie in den nachfolgenden Figuren beschrieben, auf dem zweiten Taktschlag, der Herr mit LF vorw., die Dame mit RF rückw. Für den Anfänger ist der Einsatz auf 2 zu schwierig. Für ihn ist es günstiger, mit dem ersten Taktschlag in der Musik, mit eine Art »Startschritt«, wie in Rumba und Cha-Cha-Cha, zu beginnen (Herr RF, Dame LF seitwärts oder am Platz). Der Salsa-Tänzer verzichtet auf diesen schwierigeren Rhythmus und beginnt (ohne Startschritt) mit dem ersten Schritt der beschriebenen Figuren jeweils auf dem ersten Schlag in der Musik.

Fußarbeit
Die Füße werden mit den Innenkanten der Ballen abgesetzt, dann flach übertragen. Die Fußarbeit soll eine konstante Bewegung mit »geschlossenen Knien« garantieren.

Beinarbeit
Bei jedem Schritt mit Gewichtsübertragung werden die Beine bzw. Knie leicht gestreckt.

Hüftarbeit
Im Gegensatz zu Rumba und Cha-Cha-Cha wird im Mambo und Salsa eine »Merengue-Hüftaktion« getanzt. Das bedeutet, die Hüfte wird nicht gleichzeitig mit dem agierenden Bein bewegt, sondern verzögert nachziehend getanzt.

Auswahl der Figuren
Nach dem Studium der einzelnen Figuren der nächsten Seiten, geben die Figurenfolgen auf der S. 146 ein paar Anregungen. Die Posenbeispiele sind für das selbständige Üben und die individuelle Choreographie gedacht.

Basic Movement Grundschritt

Vorher: Basic Movement, Cross Body Lead, Cross Body Lead with Lady's Turn, Cross Body Lead with Man's Turn, Open Break to Natural Top, Scallop.

Ausgangsposition: Geschlossene Gegenüberstellung Lat.

Schritt	HERR	DAME	Rhythmus
1	**LF** vorw.	**RF** rückw.	2 q
2	**RF** rückw. am Platz bel.	**LF** vorw. am Platz bel.	3 q
3	**LF** schl. oder klein seitw. oder rückw.	**RF** schl. oder klein seitw. oder vorw.	4,1 s
4	**RF** rückw.	**LF** vorw.	2 q
5	**LF** vorw. am Platz bel.	**RF** rückw. am Platz bel.	3 q
6	**RF** schl. oder klein seitw. oder vorw.	**LF** schl. oder klein seitw. oder rückw.	4,1 s
			=2 Takte

Hinweise: Ohne Drehung oder bei den Schritten 1 und 4 jeweils ¼ LD (oder bis zu ½ LD) möglich.

Variationen: Grundschritte, die entweder solo nebeneinander oder in Tanzhaltung, entweder mit LF oder mit RF beginnend, entweder mit gleichen oder entgegengesetzten Füßen getanzt werden können:
Forward Basic (Vorwärts Grundschritt): 1 vorw., 2 am Platz bel., 3 schl., 4 vorw., 5 am Platz bel., 6 schl.
Back Basic (Rückwärts Grundschritt): 1 rückw., 2 am Platz bel., 3 schl., 4 rückw., 5 am Platz bel., 6 schl.
Side Basic (Seitwärts Grundschritt): 1 seitw., 2 am Platz bel., 3 schl., 4 seitw., 5 am Platz bel., 6 schl.

Endposition: Geschlossene Gegenüberstellung Lat.

Nachher: Basic Movement, Cross Body Lead, Cross Body Lead with Lady's Turn, Cross Body Lead with Man's Turn.

1

2

3

4

5

6

Cross Body Lead Kreuz-Körperführung

Vorher: Basic Movement, Cross Body Lead, Cross Body Lead with Lady's Turn, Cross Body Lead with Man's Turn, Open Break to Natural Top, Scallop.

Ausgangsposition: Geschlossene Gegenüberstellung Lat.

Schritt	HERR		DAME		Rhythmus
1	**LF** vorw.		**RF** rückw.		2 q
2	**RF** rückw. am Platz bel.		**LF** vorw. am Platz bel.		3 q
3	**LF** seitw.	¼ LD	**RF** vorw., leichte RD des Körpers		4,1 s
4	**RF** rückw.	¼ LD (Schritte 4–6)	**LF** vorw. außenseitlich	½ LD (Schritte 4–6)	2 q
5	**LF** am Platz bel.		**RF** seitw.		3 q
6	**RF** vorw.		**LF** rückw.		4,1 s
					=2 Takte

Hinweise: Während der Schritte 1–6 bis zu einer ganzen LD möglich.

Führung: Auf Schritt 3 die gefaßten Hände nach unten führen, die Dame mit einer kleinen Twist Drehung nach rechts »stoppen« und auf 4 am Herrn vorbeiführen, bei Schritt 6 wieder die normale Tanzhaltung einnehmen.

Endposition: Geschlossene Gegenüberstellung Lat. oder offene Gegenüberstellung.

Nachher: Basic Movement, Cross Body Lead, Cross Body Lead with Lady's Turn, Cross Body Lead with Man's Turn, Open Break to Natural Top.

1

2

3

4

5

6

Cross Body Lead with Lady's Turn

Damenlinksdrehung

Vorher: Basic Movement, Cross Body Lead, Cross Body Lead with Lady's Turn, Open Break to Natural Top.

Ausgangsposition: Geschlossene Gegenüberstellung Lat.

Schritt	HERR		DAME		Rhythmus
1	**LF** vorw.		**RF** rückw.		2 q
2	**RF** rückw. am Platz bel.		**LF** vorw. am Platz bel.		3 q
3	**LF** seitw.	¼ LD	**RF** vorw., leichte RD des Körpers		4,1 s
4	**RF** rückw.	¼ LD (Schritte 4–6)	**LF** vorw. außenseitlich	1½ LD (Schritte 4–6)	2 q
5	**LF** am Platz bel.		**RF** seitw.		3 q
6	**RF** etw. seitw.		**LF** vorw.		4,1 s
					=2 Takte

Führung: Auf Schritt 3 die gefaßten Hände nach unten und die Dame in eine kleine Twist Drehung nach rechts führen. Zwischen 3 und 4 führt der Herr die Dame in die LD unter den gefaßten Händen. Bei 6 wieder die normale Tanzhaltung einnehmen.
Besonders elegant wirkt die Figur, wenn die Partner in R-R Handfassung beginnen. Der Herr legt sich die gefaßten Hände, gleich nachdem die Dame ihre LD beendet hat, über seinen Kopf in den eigenen Nacken und löst während der Anschlußfigur allmählich in die Grundhaltung auf.

Endposition: Geschlossene Gegenüberstellung Lat. oder offene Gegenüberstellung.

Nachher: Basic Movement, Cross Body Lead, Cross Body Lead with Lady's Turn.

1

2

3

4

5

6

Cross Body Lead with Man's Turn

Herrenrechtsdrehung

Vorher: Basic Movement, Cross Body Lead, Cross Body Lead with Lady's Turn, Cross Body Lead with Man's Turn, Open Break to Natural Top, Scallop.

Ausgangsposition: Geschlossene Gegenüberstellung Lat.

Schritt	HERR		DAME		Rhythmus
1	**LF** vorw.	½ RD = Spot Turn	**RF** rückw.		2 q
2	**RF** vorw.		**LF** vorw. am Platz bel.		3 q
3	**LF** seitw.		**RF** vorw. leichte RD des Körpers		4,1 s
4	**RF** rückw.		**LF** vorw. außenseitlich	½ LD	2 q
5	**LF** am Platz bel.		**RF** seitw.		3 q
6	**RF** vorw.		**LF** rückw.		4,1 s
					=2 Takte

Hinweise: Der Herr kann auf 3 noch ¼ RD zusätzlich und von 4–6 wieder ¼ LD zurückdrehen, um den ursprünglichen Charakter der Grundfigur zu betonen.

Führung: Der Herr löst auf 1 die rechte Hand während er die gefaßten Hände so hoch führt, daß er aufrecht unter ihnen nach rechts drehen kann. Am Ende seiner RD senkt er die gefaßten Hände vor seinem Körper, die Dame steht dicht hinter seinem Rücken. Er führt die Dame auf 3 in eine kleine Körperdrehung nach rechts, auf 4 an seinem Körper vorbei in ihre LD und zurück in die Tanzhaltung.

Endposition: Geschlossene Gegenüberstellung Lat. oder offene Gegenüberstellung.

Nachher: Basic Movement, Cross Body Lead, Cross Body Lead with Lady's Turn, Cross Body Lead with Man's Turn, Open Break to Natural Top.

1

2

3

Open Break to Natural Top

Offener Eingang zum Rechtskreisel

Vorher: Cross Body Lead, Cross Body Lead with Lady's Turn, Cross Body Lead with Man's Turn.

Ausgangsposition: Offene Gegenüberstellung.

Schritt	HERR		DAME		Rhythmus
1	**LF** rückw.		**RF** rückw.		2 q
2	**RF** vorw. am Platz bel.		**LF** vorw. am Platz bel.		3 q
3	**LF** vorw.	⅟₁ RD	**RF** vorw. außenseitlich	⅟₁ RD	4,1 s
4	**RF** kreuzt hinter LF		**LF** vorw. außenseitlich		2 q
5	**LF** seitw.		**RF** vorw. außenseitlich		3 q
6	**RF** fast schl.		**LF** seitw. etw. rückw.		4,1 s
					= 2 Takte

Führung: Der Herr führt die Dame zu sich heran, bei 3 wird die Tanzhaltung wieder gefaßt. Die geschlossene Gegenüberstellung wird während der gemeinsamen Drehung beibehalten.

Endposition: Geschlossene Gegenüberstellung Lat.

Nachher: Basic Movement, Cross Body Lead, Cross Body Lead with Lady's Turn, Cross Body Lead with Man's Turn, Scallop.

1

2

3

4

5

6

Scallop *Muschel*

Vorher: Side Basic (Herr RF, Dame LF), Open Break to Natural Top.

Ausgangsposition: Geschlossene Gegenüberstellung Lat.

Schritt	HERR	DAME		Rhythmus	
1	**LF** seitw.	**RF** rückw.	½ RD	2	q
2	**RF** seitw. am Platz bel.	**LF** vorw. am Platz bel.	⅝ LD	3	q
3	**LF** kreuzt hinter RF, leichte LD des Körpers	**RF** vorw., außenseitlich	⅜ RD	4,1	s
4	**RF** rückw. (Ronde), leichte RD des Körpers	**LF** vorw.	¼ LD	2	q
5	**LF** seitw.	**RF** seitw.		3	q
6	**RF** schl.	**LF** schl.		4,1	s
				=2 Takte	

Führung: Noch vor dem ersten Schritt erfolgt die Führung des Herrn, der durch den Druck der gefaßten Hände und durch seine rechte Hand die Dame nach rechts aufklappt und bei 2 wieder zur LD veranlaßt. Diese Führungen wiederholen sich in leichterer Form bei 3 und 4.

Endposition: Geschlossene Gegenüberstellung Lat.

Nachher: Basic Movement, Cross Body Lead, Cross Body Lead with Lady's Turn, Cross Body Lead with Man's Turn.

1

2

3a

3b

4

5

6

Figurenfolgen

Figuren	Schritt	Takte
Folge 1		
Basic Movement	→ S. 134 1–6	2
Cross Body Lead	→ S. 136 1–6	2
Basic Movement	→ S. 134 1–6	2
Cross Body Lead	→ S. 136 1–6	2
Basic Movement	→ S. 134 1–6	2
Cross Body Lead with Lady's Turn	→ S. 138 1–6	2
Basic Movement	→ S. 134 1–6	2
Cross Body Lead with Lady's Turn	→ S. 138 1–6	2
		16
Folge 2		
Basic Movement	→ S. 134 1–6	2
Cross Body Lead	→ S. 136 1–6	2
Basic Movement	→ S. 134 1–6	2
Cross Body Lead with Lady's Turn	→ S. 138 1–6	2
Basic Movement	→ S. 134 1–6	2
Cross Body Lead with Man's Turn	→ S. 140 1–6	2
Basic Movement	→ S. 134 1–6	2
Cross Body Lead with Man's Turn	→ S. 140 1–3	1
Cross Body Lead with Lady's Turn	→ S. 138 4–6	1
		16
Folge 3		
Basic Movement	→ S. 134 1–6	2
Cross Body Lead with Man's Turn	→ S. 140 1–3	2
Cross Body Lead with Lady's Turn	→ S. 138 4–6	1
Cross Body Lead in offene GÜST	→ S. 136 1–6	1
Cross Body Lead with Lady's Turn, R-R Handhaltung	→ S. 138 1–6	2
Basic Movement	→ S. 134 1–6	2
Cross Body Lead in offene GÜST	→ S. 136 1–6	2
Open Break to Natural Top	→ S. 142 1–6	2
Scallop	→ S. 144 1–6	2
		16

Anhang

Tanzschulen

Vom Benimm zur Erlebniswelt – Von den Grundformen zu den Tanzabzeichen

Die Tanzschule von damals, vor dem 2. Weltkrieg, war eine Schule für Benimm und gesellschaftliche Umgangsformen. In erster Linie kam es darauf an, junge Menschen im Alter zwischen 15 und 18 Jahren in die Gesellschaft einzuführen und eine erste schüchterne Annäherung der beiden Geschlechter zu arrangieren. Ziel eines Tanzkurses war es, bis zum ersten Abschlußball, dem tänzerischen und gesellschaftlichen Höhepunkt, alle Tänze und Höflichkeiten zu beherrschen, die benötigt wurden, um als Debütant einen solchen offiziellen Anlaß würdig zu überstehen. Der Wiener Opernball und ähnliche Veranstaltungen konservieren auch heute noch bewußt diese Tradition.
Die ADTV-Tanzschulen von heute bieten im Rahmen des Gesellschaftstanzes ein breitgefächertes Programm an, das man in vier Gruppen aufteilen kann:

1. Die **Standardtänze** Langsamer Walzer, Wiener Walzer, Tango und Foxtrott, dazu oft Marsch-Fox, Quickstep, Slowfox und Blues.
2. Die **Lateinamerikanischen Turniertänze** Samba, Cha-Cha-Cha, Rumba, Paso Doble und Jive.
3. Die **Mode- und Partytänze,** wie z. B. Mambo/Salsa, Macarena, Lambada, Tango Argentino, Break Dance, Hustle, Disco Fox, Twist, Boogie, Rock'n' Roll und HipHop.
4. Die **alten Tänze** wie z. B. Charleston, Polka, Galopp.

Die moderne Tanzschule ist aber nicht nur Institut zum Erlernen von Gesellschaftstänzen, sie hat sich außerdem zu einer attraktiven Freizeitwelt für alle Altersgruppen, zu einer Erlebniswelt entwickelt. Anstelle steifer Förmlichkeit und spießiger Benimm- und Schrittvermittlung sind Natürlichkeit, Spontaneität und Lebensfreude geboten.
60% aller Jugendlichen eines Jahrgangs besuchen eine der ca. 700 ADTV-Tanzschulen. Insgesamt finden immer mehr Menschen den Weg in die Tanzschulen, wo sie in Tanzkursen, bei Übungsparties, kleinen Wettbewerben, auf Bällen und Sonderveranstaltungen ihre Freizeit aktiv gestalten und Kontakte, Spaß und Lebensfreude finden. Während der Tanzlehrer von gestern die Rolle des strengen Erziehers spielte, ist der ADTV-Tanzlehrer von heute nicht nur fachlich durch eine fundierte Aus- und Weiterbildung up-to-date, sondern auch Freizeitpartner, Entertainer und Animateur. Tanzen und Tanzen-Lernen ist ein Vergnügen für jung und alt, für Singles, Paare und Gruppen geworden.
Vor 1873 befanden sich »Hoftanzlehrer«, die allmählich mehr und mehr in Kreisen des sogenannten gehobenen Bürgertums unterrichteten, auf relativ einsamem Posten, was Ausbildung

und Informationen über Tanzbeschreibungen betraf. So verbreiteten sich Musik und Tänze bis ins 19. Jahrhundert hinein verhältnismäßig langsam. 1922 wurde in Halle an der Saale der **Allgemeine Deutsche Tanzlehrerverband (ADTV)** gegründet. Der organisierte Gedankenaustausch im ADTV führte zu einer regelrechten Tanzinflation. Die Vielzahl der Tänze und Tanzformen ließ bald den Ruf nach einem internationalen Dachverband laut werden. Das **International Council of Ballroom Dancing (ICBD)** wurde erst 1949 in Edinburgh, Schottland, gegründet. In diesem Verband versuchten 22 nationale Verbände, den Gesellschaftstanz weltweit zu koordinieren. Seit 1993 heißt dieser Verband World Dance And Dance Sport Council (WDDSC).

Mit der Absicht, weitere Interessengruppen in Deutschland zu vereinen, wurde 1950 in Bad Kissingen der ADTV neu gegründet und nennt sich seither: **»Allgemeiner Deutscher Tanzlehrerverband in der Bundesrepublik Deutschland e. V.«**. Der ADTV hatte 1997 mehr als 2000 Mitglieder. Er kontrolliert durch sein Professionalturnieramt (**PTA**) alle deutschen Professional-Tanzturniere. Mitglied im ADTV kann nur werden, wer eine Prüfung vor der Prüfungskommission des Verbandes abgelegt hat. Nach zweijähriger Schulung ist die Assistenzlehrerprüfung. In Spezialseminaren kann sich der geprüfte Assistent auch noch zum Tanzlehrer, Tanzsporttrainer und zum Ausbildungslehrer ausbilden lassen. Die Abschlußprüfungen sind die absolut umfassendsten und schwierigsten der vergleichbaren Leistungsnachweise aller Tanzlehrerverbände der Welt. Die Assistenzlehrer, Tanzlehrer, Tanzsporttrainer und Ausbildungslehrer des ADTV halten sich durch regelmäßige Fachtagungen stets über die Entwicklung im Gesellschaftstanz und Tanzsport auf dem laufenden, wie bei dem jährlich stattfindenden INTAKO (Internationaler Tanzlehrer-Kongreß). In einer Fachtagung wurde 1962 in Zusammenarbeit mit dem ICBD das sogenannte Welttanzprogramm **(WTP)** geschaffen. Das WTP ist ein international einheitliches Mindestprogramm für Anfänger- und Fortgeschrittenenkurse in den zwölf wichtigsten Gesellschaftstänzen: Langsamer Walzer, Wiener Walzer, Tango, Foxtrott (Quickstep), Blues (Langsamer Foxtrott), Samba, Cha-Cha-Cha, Rumba, Paso Doble, Jive, Rock 'n' Roll und Disco Fox. Am Ende dieser Kurse wird die sogenannte **Welttanznadel** verliehen. Für Paare, die ihr tänzerisches Können überprüfen wollen, bieten die Tanzschulen seit 1968 das **Deutsche Tanzabzeichen (DTA)** an. Wer in zwei Kursen die Grundlagen des Welttanzprogramms erlernt hat, kann in weiteren Kursstufen die Bronze-, Silber-, Gold-, Goldstar und Super-Goldstar-Medaille anstreben. Für die Bronze-Medaillen-Prüfung kann sich der Tänzer vier Tänze auswählen. Für die Silber- und Goldabzeichen wird jeweils ein Tanz mehr geprüft und das bisherige Programm um einige Figuren erweitert. Für Goldstar werden zwei Standard- und zwei Lateinamerikanische Tänze vom Prüfling und noch zwei weitere Tänze vom Prüfer (einem ADTV-Tanzlehrer) bestimmt. Beim Super-Goldstar-Test werden vom Prüfer alle sechs Tänze bestimmt (drei Standard- und drei Lateinamerikanische Tänze). Die Wertungsgebiete (Takt, Haltung, Technik) ähneln denen bei Amateurtanzturnieren und werden dem Medaillenstand entsprechend gehandhabt.

Ein Schritt in Richtung Tanzsport sind die **Medaillenturniere.** Unter befreundeten Tanzschulen werden gesellige Vergleichskämpfe veranstaltet, bei denen die besten Tänzer der Medaillenkurse gegeneinander antreten. Hier finden Wettkämpfe ohne Turnierkleidung in zwangloser Atmosphäre statt, mit der Absicht, den Paaren den Tanzsport schmackhaft zu machen.

Tanzschule heute

Tanzsportclubs

Vom Breitensport zum Leistungssport – Von den Tanzabzeichen zu den Tanzturnieren

Wen in einer Tanzschule nach einigen Tanzkursen der Ehrgeiz gepackt hat, wer sein Tanzen zum Sport weiterentwickeln möchte, der findet in einem Tanzsportclub sein tänzerisches Zuhause. Häufig sind diese Clubs irgendwelchen Sportvereinen angeschlossen oder bilden ihren eigenen gemeinnützigen Verein (e. V.). Der größte Teil der Clubmitglieder besteht in der Regel aus Nicht-Turniertänzern, sogenannten Breitensportlern, die Tanzsport ausschließlich zum eigenen Vergnügen treiben wollen. Diese Gruppe bildet die finanzielle Basis eines Vereins. Der kleinere, nicht aber weniger wichtige Teil der Mitglieder strebt den tanzsportlichen Wettbewerb an. Diese Gruppe prägt das sportliche Image des Tanzsportclubs. Trainiert werden die Clubs von ADTV-Tanzsporttrainern und sogenannten Übungsleitern, die vom **Deutschen Tanzsportverband (DTV)** ausgebildet und geprüft werden.
Der DTV wurde 1921 gegründet und ist Mitglied im **Deutschen Sportbund (DSB).** Der Verband, seine Clubs und Landesverbände sind finanziell unabhängige Vereine nach den gesetzlichen Bestimmungen des BGB und alle »e. V.« Der DTV kontrolliert den Amateur-Tanzsport in Deutschland, er veranstaltet alle Deutschen Amateur-Tanzsportmeisterschaften, beschickt die internationalen Meisterschaften und stellt zu Länderkämpfen die Deutsche Nationalmannschaft auf.
Der DTV hatte Mitte 1997 fast 200 000 tanzsporttreibende Amateure, die Mitglieder in Vereinen und Landesverbänden sind. Das Präsidium des DTV setzt sich aus Amateuren und Tanzlehrern als Fachbeirat zusammen.
1968 schlossen der DTV und der ADTV ein Abkommen, wonach in DTV-Clubs nur Mitglieder des ADTV als Trainer verpflichtet werden und in Clubs keine Anfängerkurse stattfinden dürfen; im Gegenzug veranstaltet der ADTV keine Amateur-Tanzturniere.
Die internationale Organisation für den Amateur-Tanzsport ist das 1953 in Wiesbaden gegründete **International Council of Amateur Dancers (ICAD).** Die Mitglieder des ICAD sind die nationalen Amateur-Tanzverbände, wie der DTV. Das ICAD fördert den Tanzsport in partnerschaftlicher Zusammenarbeit mit den Tanzlehrerverbänden, koordiniert die internationalen Meisterschaften, die Wettbewerbsregeln und bemüht sich seit Jahren um die Anerkennung des Tanzsportes als olympische Disziplin. Seit 1991 trägt dieser Weltverband der Amateure den neuen Namen **International Dance Sport Federation (IDSF).** Ein guter Breitensportler hat zwar viel Freude an zwanglosem Tanzen oder als Zuschauer von Tanzturnieren, doch ab und zu möchte auch er sich Leistung abverlangen und den Sport mit einem Leistungsnachweis versehen.
Ähnlich den Medaillentests in den

ADTV-Tanzschulen, verleiht der DTV für tanzsportliche Leistungen in den zehn offiziellen Turniertänzen (Langsamer Walzer, Tango, Wiener Walzer, Slowfox, Quickstep, Samba, Cha-Cha-Cha, Rumba, Paso Doble, Jive) das **Deutsche Tanzsportabzeichen (DTSA)** in **Bronze, Silber, Gold** und **Gold mit Kranz** für drei verschiedene Altersklassen. Das DTSA wird in normaler Tageskleidung, nach detaillierten Regeln abgelegt. Ein umfangreicher Leistungskatalog legt die verlangten Figuren für die entsprechenden Leistungsstufen fest. Die Verleihungsbedingungen geben Auskunft über Inhalt und Ablauf der Prüfungen, die von Landesbeauftragten abgenommen werden. Auch hier gelten im wesentlichen die Regeln der Amateur-Tanzturniere.

Wem dieses kleine Leistungsmessen ein Ansporn war, der wird sich vielleicht dazu entschließen, den Start in einem **»E-Turnier«** zu wagen. In einem E-Klassen-Turnier haben die Teilnehmer Gelegenheit, ohne Turnierkleidung die Turniersituation zu erproben. Alles andere ist bereits wie bei einem »richtigen« Turnier: Wertungsrichter, vom DTV gründlich ausgebildete Amateure, bemühen sich nach bestem Wissen und Gewissen auf der Grundlage der Wertungsrichtlinien des DTV um eine gerechte Plazierung der Paare.

In den verschiedenen Startgruppen und Startklassen werden Standard-, Latein- oder Kombinationsturniere über 10 Tänze ausgetragen. Man unterscheidet Kinder-, Junioren-, Jugend-, Haupt- und Seniorengruppen. Die Startgruppenzugehörigkeit richtet sich nach den vorgeschriebenen Altersgrenzen.

Die meisten Turnieranfänger beginnen in der **Startklasse E;** erst in der **C-Klasse** wird Turnierkleidung erforderlich. Nach einem festgelegten Schlüssel von Aufstiegspunkten und Plazierungen erreicht ein Paar nach etwa 1–2 Jahren die nächsthöhere **Klasse B,** später die **A**- und schließlich die **S-Klasse (Sonderklasse)**.

Neben den **Paarwettbewerben** avancieren in letzter Zeit die **Formationswettbewerbe** zur beim Publikum beliebtesten Tanzsportdisziplin. Dafür sind nicht nur das hohe tänzerische und choreographische Niveau der Gruppen, der optische Genuß traumhafter Kostüme, der akustische Reiz raffiniert zusammengestellter Formationsmusiken verantwortlich, sondern auch der langjährige, internationale Erfolg deutscher Formationen. Die Popularität des Turniertanzen ist nicht zuletzt durch die zahlreichen Fernsehübertragungen von Deutschen-, Europa- und Weltmeisterschaften erheblich gestiegen.

Tanzsport ist auch Kunst. Der künstlerische Aspekt wird nicht zuletzt in der Turniermode erkennbar. Gerade für die Lateinamerikanischen Turniertänze gab es anfangs keine spezielle Kostümform, da diese sich anfangs Stück für Stück in die Standard-Sektion eingeschlichen haben. Erst als die Latein-Sektion eröffnet wurde, entwickelte sich allmählich eine spezifische »Lateinmode«. Die Kleider wurden flotter, folkloristischer und sparsamer im Stoffverbrauch. Diese wurden immer offenherziger, bis an die Grenze der Sportlichkeit und in letzter Zeit, nach vielen Kritiken, wieder deutlich »angezogener«. Wie in jeder Mode gibt es auch hier geschmackvolle, typentsprechende, gekonnt gewagte Kreationen und geschmacklose, peinlich verunglückte Kostüme. Sehr häufig entwerfen und schneidern sich die Turnierpaare die Kleidung selbst oder lassen sie bei Fachleuten, oft ebenfalls Tänzern, anfertigen. Außer bei Formationen, sind Turnierkleider Einzelstücke und daher nicht billig (Lateinkleid ca. 2000 bis 4000 DM). Verständlich, daß es in niedrigeren Turnierklassen üblich ist, die Kleider von hochklassigen Tänzern gebraucht zu kaufen.

Breiten-Tanzsport heute

Tanzmusik

Musik muß in die Beine gehen – das ist eine Forderung aller Hobby- und Turniertänzer. Tanzen ist Bewegung nach Musik bzw. das Umsetzen von Musik in Bewegung.
Der Tänzer bekommt heute seine Musik vorwiegend über CD und Kassette geliefert. Große Tanzturniere werden fast ausschließlich von Live-Bands begleitet. »Klassische« Tanzmusik, gespielt von den großen Tanzorchestern, war und ist die Grundlage für das fachgerechte Tanzen. Die Arrangeure versuchen, aktuelle Musikstücke der Struktur, dem Rhythmus und dem Tempo des jeweiligen Tanzes anzupassen. Allerdings gibt es auch oft Modehits aus der Popszene, die sich zum Tanzen eignen.
Es wird von dem zugrundeliegenden Rhythmus abhängig sein, welche Tänze zu dem Musikstück passen.
Bei der Auswahl der Musikstücke wird der fachkundigere Tänzer darauf achten, daß der Charakter des jeweiligen Tanzes, dessen rhythmische Besonderheiten und das richtige Tempo vorgegeben ist. Tanzmusik wird häufig für den Verbraucher gekennzeichnet, z. B. »Im strikten Tanzrhythmus«, »Der ADTV empfiehlt«, »Von Tanzlehrern empfohlen«, »Vom DTV empfohlen«. Weiterhin ist in der Regel die Tanzbezeichnung angegeben, mitunter auch das Tempo des Musikstücks (Takte pro Minute) und die Dauer in Minuten und Sekunden. Die Musikproduktionen folgender deutschsprachiger Tanzmusiker können empfohlen werden:

Rudi Bohn, u. a. »Tanz mal wieder« 1, 2, 3

The Comets, u. a. Tanzen mit »The Comets«

Kurt Edelhagen, u. a. »Super Tanzmusik«

Ric Gerties, u. a. »Dance Around The Clock«

Max Greger, u. a. »Tanzen '91«, »Tanzen '91–'97«, »Super Tanzmusik«

Max Greger jr. und die SDR Big Band, u.a. »Tanzparty 1 bis 2«

»**Klaus Hallen** 1 bis 3« »K.H. Plays The Music Of Phil Collins, Elton John, Stevie Wonder« »K.H. Collection (in allen Standardtänzen)«

Paul Kuhn, u. a. »Tanz mit Paul Kuhn« 1, 2, 3

Günter Noris, u. a. »Die Tanzplatte des Jahres« bis 1992, »The World is Dancing«, »Ein Ballerlebnis«, »Tanzrausch«, »Dance to the Classics«

Ambros Seelos, u. a. »Dance Festival«, »Tanzgala 89–97«

Hugo Strasser, u. a. »Die Tanzplatte des Jahres« bis 1994 »The World is Dancing«, »Ein Ballerlebnis«, »Tanz-Edition 1, 2 Standardtänze«, Tanzgala«, »Tanz-Edition 3«

Vienna Tanzorchester, u. a. »Musik im strikten südamerikanischen Tanzschritt«

Werner Tauber, u. a. »Weltmelodien im strikten Tanzrhythmus«

Literatur

Allgemeiner Deutscher Tanzlehrer-Verband: Festschrift 250 Jahre Deutsche Tanzschule. Berlin 1968

Allgemeiner Deutscher Tanzlehrer-Verband: Welttanzprogramm. Wuppertal 1991

Allgemeiner Deutscher Tanzlehrer-Verband: Elementare Bewegungslehre. Welttanzprogramm und Deutsches Tanzabzeichen. Wuppertal 1983

Augst, H. A.: Tanzen Schritt für Schritt. München 1979

Ballhaus, P.: Ich tanze modern. Stuttgart 1962[5]

Burgauner, C.: Tanzen in Deutschland. München 1986

Burgauner, C.: Tanzen weltweit. München 1995

David, L.: Standardisierte Grundtechnik der latein-amerikanischen Tänze. Teil I: Rumba; Teil II: Mambo und Cha-Cha-Cha. (Deutsche Übersetzung: **Keller, R.**). Berlin o. J.

David, L.: Paso-doble und Populäre Variationen – PASODOBLE. Bulletin d'Information des Danses Latines-Américaines. (Deutsche Übersetzung: Keller, R.). Berlin o. J.

Deutscher Tanzsportverband: Jahrbuch Tanz. Sportverlag OK Lübeck (erscheint jährlich)

Deutscher Tanzsportverband: Figurenkatalog für die E-C-Klassen. Standard und Latein. Neu-Isenburg 1984

Deutscher Tanzsportverband: Deutsches Tanzabzeichen. Neu-Isenburg 1986

Deutscher Tanzsportverband: Freizeit-Breitensport-Fibel Tanzen. Neu-Isenburg 1989

Deutscher Tanzsportverband: Wertungsrichtlinien für Tanzsportturniere im Deutschen Tanzsportverband. Neu-Isenburg 1990

Eichstedt, A./Polster, B.: Wie die Wilden. Tänze auf der Höhe ihrer Zeit. Berlin 1985

Fern, E.: Wir lernen tanzen. Niedernhausen 1987[2]

Garnier, von E.: bernold, beat und bossanova. München 1972

Girke, D.: Tanzsport in der Schule. Schriftenreihe zur Praxis der Leibeserziehung und des Sports, Bd. 159. Schorndorf 1982

Günther, H./Schäfer, H.: Vom Schamanentanz zur Rumba. Die Geschichte des Gesellschaftstanzes. Stuttgart 1975

Günther, H./Haag, H.: Vom Rock'n Roll bis Soul. Die modernen Poptänze von 1954 bis 1976. Ostfildern-Nellingen 1976

Günther, H.: jazz dance. Geschichte/Theorie/Praxis. Berlin 1980

Hädrich, G.: Tanzstunde. Die 11 Tänze des Welttanzprogramms. Wiesbaden 1975

Hädrich, G.: Figuren für Fortgeschrittene. Wiesbaden 1975

Hädrich, G.: Tips für Tanzlehrer, Tanzsportlehrer und Turnierpaare. Hamburg-Harburg 1978

Hädrich, G.: Tanzstunde. Das Welttanzprogramm. Party- und Discotänze. Stuttgart 1983[2]

Hädrich, G.: Tanzstunde. Das Welttanzprogramm leicht gelernt. Niedernhausen 1988

Imperial Society of Teachers of Dancing: The Revised Technique of Latin American Dancing. London 1983[5]

Keller, R.: Tanz im Selbstunterricht. Berlin o. J.

Keller, R.: Modetänze im Selbstunterricht. Berlin o. J.

Krombholz, G.: Tanzen für alle. Von den Grundelementen zu geselligen Tanzformen. München 1980[2]

Krombholz, G./Haag, P.: Richtig Rock'n Roll Tanzen. München 1986[3]

Krombholz, G./Leis-Haase, A.: Richtig Tanzen 2 Standardtänze von den Grundformen zu den Tanzabzeichen: Langsamer Walzer, Tango, Wiener Walzer, Slowfox, Foxtrott/Quickstep. München 1994

Krombholz, G.: Tanz. In: Größing, S. (Hrsg.), Senioren und Sport. Bad Homburg 1980, S. 194–284

Krombholz, G. und Münchner Rollstuhl-Tanzgruppe: Rollstuhltanz – Lehrmaterial. München 1986

Laird, W.: Technique od Latin American Dancing. London 1981[3]

Möller, E.: Die neue Lateintechnik aus England in deutscher Sprache. Übersetzung: Imperial Society of Teachers of Dancing: Latin American Dance Branch. Hamburg 1973

Moore, A.: Ballroom Dancing. London 1936[1]/1983[11]

Moore, A.: Gesellschaftstanz (Mit den Teilen Wiener Walzer, Mambo Bolero und Cha-Cha-Cha von Paul **Krebs**). Deutsche Übersetzung: **Hädrich, G./Kalckhoff, H.,** Stuttgart 1982[11]

Paugger, P.: Gesellschaftstanz – Modetanz. Olten/Stuttgart/Salzburg 1971

Richter, K./Kleinow, H.: Fit mit Tanzen. Niedernhausen 1987

Schneider, O.: Tanzlexikon. Der Gesellschafts-, Volks- und Kunsttanz von den Anfängen bis zur Gegenwart mit Bibliographie und Notenbeispielen. Mainz/London/New York/Tokyo 1985

Steuer, W./Marz, G.: So tanzt man Rock'n Roll. Niedernhausen 1981

Stuber, H./U. (Hrsg.): Wörterbuch des Tanzsports. München 1990
Tanzschul-Inhaber-Vereinigung (TSIV) im Allgemeinen Deutschen Tanzlehrer-Verband (ADTV): Tanzen. Spaß zu zweit. München 1989
Trautz, R./Schnitzer, H. G.: Gesellschaftstänze. München 1985
Weber, B./F.: Dancing. Moderne Discotänze: mit Mambo und Salsa. Niedernhausen 1995

Zeitschriften:
ADTV: News. Aktueller Informations-Dienst, München
Dance Fan. Ballroom Dance Magazine, Tokio/Japan
Dance News. Meadrow, Godalming, Surrey/Großbritannien (erscheint wöchentlich)
DPV AKTUELL. Fachorgan Deutscher Professional Tanzsportverband. Witten (erscheint monatlich)
Information Aktuell. Offizielles Organ des Österreichischen Tanzsportverbandes (ÖTSV), Graz/Österreich (erscheint monatlich)
Swinging World News. Leverkusen (erscheint viermal jährlich)
Tanz. Offizielles Organ des Schweizer Amateur-Tranzsportverbandes (SATV), Zürich/Schweiz (erscheint viermal jährlich)
tanz-Illustrierte. Organ des Allgemeinen Deutschen Tanzlehrer-Verbandes, Swiss Official Board und Verbandes der Tanzlehrer Österreichs. Hans-Georg Schnitzer-Verlag, Köln (erschien monatlich von 1952 bis 1985)
Tanzspiegel. Organ des Deutschen Tanzsportverbandes und des Schweizer Amateur-Tranzsport-Verbandes. Tanzwelt-Verlag, Neu-Isenburg (erscheint monatlich)
The Alex Moore Letter Service (Englische Ausgabe ab 1933, derzeitige Herausgeber Spencer, P./Hearn, G.; deutsche Ausgabe ab 1950, derzeitiger Herausgeber mit Videoservice: Steuer, W., München)

Anschriften

Deutschland

Allgemeiner Deutscher Tanzlehrerverband e. V. (ADTV)
Geschäftsstelle: Obenhauptstr. 3,
D-22335 Hamburg
Tel. 0 40/5 00 20 90
Fax 0 40/50 02 09 20

Deutscher Tanzsportverband e. V. (DTV)
Geschäftsstelle: Robert-Koch-Str. 1–3,
D-63263 Neu-Isenburg
Tel. 0 61 02/3 09 60
Fax 0 61 02/30 96 30

Österreich

Verband der Tanzlehrer Österreichs (VTÖ)
Geschäftsstelle: Wilh.-Eich Str. 2,
A-9500 Villach
Tel. 00 43/42 42/2 80 73

Österreichischer Tanzsportverband (ÖTSV)
Geschäftsstelle: Semmelweisstr. 26,
A-4020 Linz
Tel. 00 43/7 32/66 24 24
Fax 00 43/7 32/66 78 91

Schweiz

Tanzlehrerverband der Schweiz, Swiss Dance/Tanzsport-Trainer- Vereinigung der Schweiz (TTVS)
Geschäftsstelle: Martinsbergstr. 38,
CH-5400 Baden
Tel. 00 41/56/2 21 23 81
Fax 00 41/56/2 21 62 48

Schweizer Tanzsport-Verband (STSV)
Geschäftsstelle: Pappelstr. 10,
CH-8305 Dietlikon
Tel. 00 41/1/ 8 33 57 44
Fax 00 41/1/3 64 20 47

Fachausdrücke

ADTV Allgemeiner Deutscher Tanzlehrer-Verband

Afroamerikanisch Verflechtung von afrikanischen und nordamerikanischen Bewegungs- und Rhythmuselementen

Appel (Appell) Typischer Schritt beim Paso Doble, er wird energisch am Platz aufgesetzt und häufig zur Einleitung einer Figur verwendet

Attack Figur im Paso Doble, die mit einem Appel (Appell) beginnt, wobei der Herr entschlossen und angriffslustig vorwärts geht

Ausgangsposition Stellung der Tanzpartner zueinander vor Beginn einer Figur

außenseitlich Tanzen der Dame in Gegenüberstellung an der rechten Seite des Herrn mit rechtem Bein an dem rechten Bein des Herrn oder gegengleich

Bebop Synkopisch akzentuierter Musik- und Tanzstil ab ca. 1945

Black Bottom Ein in den zwanziger Jahren aus Nordamerika importierter Modetanz

Blues Langsamer Musik- und Tanzstil ab ca. 1925

Boogie Synkopisch akzentuierter Musik- und Tanzstil ab ca. 1945 (als Tanz auch Boogie-Woogie genannt)

Blues Boogie Synkopisch akzentuierter Rock'n'Roll-Tanzstil der fünfziger Jahre

Bounce Rhythmisches Federn in den Füßen und Knien im Samba entweder im Rhythmus »slow-slow« (Basic Bounce) oder »slow and slow« (Alternative Basic Bounce) oder beim Jive-Chasse

Cakewalk Erster um 1912 aus Nordamerika nach Europa importierter Tanz mit afro-amerikanischen Bewegungselementen

Capa »Rotes Tuch« des Torero beim Stierkampf, im Paso Doble pantomimisch übertragen auf die Dame

Charleston Ein in den zwanziger Jahren aus Nordamerika importierter Tanz

Chasse Dreischritt-Kombination. Das Cha-Cha-Cha-Chasse (Notenwert $\frac{1}{8}$, $\frac{1}{8}$, $\frac{1}{4}$) und Jive-Chasse (Notenwert $\frac{3}{16}$, $\frac{1}{16}$, $\frac{1}{4}$), kann seitwärts, vorwärts, rückwärts oder am Platz ohne oder mit Drehung getanzt werden

Claves Afrokubanisches Musikinstrument, typisch für Rumba-Rhythmus-Begleitung

Clavero Musiker, der die Claves spielt

Deutsches Tanzabzeichen Vom Allgemeinen Deutschen Tanzlehrerverband nach dem Vorbild der englischen »medal tests« 1968 eingeführt. Die Tanzabzeichen in Bronze, Silber, Gold, Goldstar, Super Goldstar sind der schrittweise Übergang vom Fortgeschrittenenprogramm der Tanzschulen bis zum Einstieg in den Tanzsport

Deutsches Tanzsportabzeichen Vom Deutschen Tanzsportverband für tanzsportliche Leistungen geschaffen; in Bronze, Silber, Gold, Gold mit Kranz für drei verschiedene Altersklassen

Disco Fox Moderne Paartanzform, auch Disco Swing genannt, die etwa 1903 bis 1974 entstand. Besteht aus einem einfachen Grundschritt, mit bekannten Boogie-Woogie- und Swing-Figuren, sowie aus interessanten Wickelfiguren. Wird mit dem in den USA entstandenen Hustle vermischt.

DPV Deutscher Professional Tanzsportverband

Drehungsumfang Grad der Drehung des einzelnen Tänzers bzw. des Tanzpaares

DTV Deutscher Tanzsportverband

einspurig Das bei einer Schrittfolge genau eingleisige Vorwärts- bzw. Rückwärtssetzen des Fußes

Endposition Stellung der Tanzpartner zueinander nach Abschluß einer Figur

halbes Gewicht Aufsetzen eines Fußes mit dem Ballen, wobei das Körpergewicht nicht vollständig auf den Ballen übertragen, sondern zum Teil über dem stützenden Fuß gehalten wird. Erst beim nächsten Schritt wird das Gewicht übertragen.

Handshake-Haltung Die rechte Hand der Dame liegt in der rechten Hand des Herrn

ICBD International Council of Ballroom Dancing (= Weltverband der Professionaltänzer) bis 1992 (s. S. 149)

IDSF International Dance Sport Federation (= Weltverband der Amateurtänzer), vormals ICAD

Isolation Unabhängiges Bewegen einzelner Körperzentren, z. B. des Kopfes, der Schultern, der Hüfte

Jitterbug Synkopisch akzentuierter Rock'n'Roll-Tanzstil der vierziger und fünfziger Jahre

Kick ball change Dreiteilige Schrittkombination: Anheben des Knies mit anschließendem Strecken des Unterschenkels und Zurückführen des Beins – Aufsetzen desselben Fußes mit dem Ballen – schnelles Zurückbelasten auf den Standfuß

Körperneigung Dehnung einer Körperseite und dadurch Neigung des Körpers zur anderen Seite

Locking action Chasses beim Cha-Cha-Cha oder Jive, die vorwärts oder rückwärts kreuzend getanzt werden

Merengue-Hüftaktion Verzögerte Hüftbewegung seitwärts nach dem Belasten eines Fußes

ÖTSV Österreichischer Tanzsportverband

Phrase Selbständiger Abschnitt eines Musikstückes

Phrasierung Melodisch-rhythmische Einteilung eines Musikstücks in selbständige Abschnitte

Polymetrik Verschiedene Taktarten, die gleichzeitig oder nacheinander in einem Musikstück ablaufen

Polyrhythmik Verschiedenartige Rhythmen, die gleichzeitig in einem Musikstück ablaufen

Polyzentrik Afrikanisches Bewegungsgesetz der Isolation der einzelnen Körperzentren

Posen Tänzerische Körperbilder, die kurzzeitig verharren; bilden Höhepunkte in der Turnierchoreographie

Positionen Aufstellungsformen, Stellung der Partner zueinander

RLA ADTV-Resort »Lehre und Ausbildung«

Rock Wiegeschritt beim Jive, aus einem kleinen Rückwärtsschritt (Herr LF, Dame RF) und einem betonten Vorwärtsschritt (Herr RF, Dame LF) bestehend

Rock'n'Roll Synkopisch akzentuierter Musik- und Tanzstil ca. 1954–1959, neu entdeckt ab 1974

Ronde Beinkreis mit dem unbelasteten Bein mit oder ohne gleichzeitiger Drehung auf dem Standbein

Running action Grundschritte, die durch Laufschritte abgewandelt werden

Salsero Salsa-Tänzer

SATV Schweizer Amateur-Tanzsportverband

Startschritt Einleitender Schritt beim Basic Movement in den Tänzen Cha-Cha-Cha, Rumba und Mambo, um rhythmisch einen besseren Eingang zu finden; vor allem vom Anfänger getanzt

Sur Place Kleine Ballenschritte am Platz im Paso Doble, in Tanzhaltung ohne oder mit allmählicher Drehung getanzt

Synkope Verschiebung der Betonung von einem stark betonten auf einen unbetonten Taktteil

Tap Unbelastetes Aufsetzen eines Fußes vorwärts, rückwärts oder seitwärts (entweder tap – step oder step – tap)

TSI ADTV-Ressort »Tanzschulinhaber«

TSL ADTV-Ressort »Tanzsportlehrer«

TTVS Tanzlehrerverband der Schweiz, Swiss Dance/ Tanzsport-Trainer-Vereinigung der Schweiz

VTÖ Verband der Tanzlehrer Österreichs

Welttanzprogramm Einheitliche Grundfiguren in Anfänger- und Fortgeschrittenenklassen der Tanzschulen in 12 Tänzen

WDDSC World Dance And Dance Sport Council (Weltverband der Professional-Tänzer und Tanzlehrer)

Mehr Sport-Erlebnis

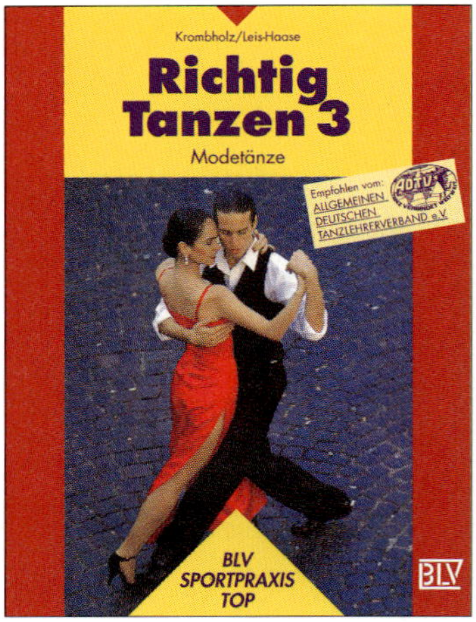

Gertrude Krombholz/Astrid Leis-Haase
Richtig Tanzen 2
Geschichte der Standardtänze; Technik der Tänze Langsamer Walzer, Wiener Walzer, Tango, Foxtrott/Quickstep und Slowfox; Figuren und Figurenfolgen für die Grundstufe und die Tanzabzeichen.

Gertrude Krombholz/Astrid Leis-Haase
Richtig Tanzen 3
40 Modetänze von 1900 bis heute mit Schrittfolgen und Musiktipps: HipHop, Tango Argentino, Mambo/Salsa, Discofox, Beat, Twist, Boogie, Charleston, Polka, Münchner Française u.a.

Walter Laird
Die neue Tanzschule
Schritt für Schritt leicht zu erlernen – mit und ohne Partner: die klassischen Standardtänze Langsamer Walzer, Quickstep und Tango sowie die lateinamerikanischen Tänze Cha-Cha-Cha, Samba und Rumba.

Dagmar Sternad
Richtig Stretching
Sportmedizinische und trainingswissenschaftliche Grundlagen, Trainingsgestaltung, 90 Grundübungen mit Variationen und speziellen Trainingsprogrammen.

Im BLV Verlag finden Sie Bücher zu folgenden Themen: Garten und Zimmerpflanzen • Wohnen und Gestalten • Natur • Heimtiere • Jagd • Angeln • Pferde und Reiten • Sport und Fitness • Tauchen • Reise • Wandern, Alpinismus, Abenteuer • Essen und Trinken • Gesundheit und Wohlbefinden

BLV

Wenn Sie ausführliche Informationen wünschen, schreiben Sie bitte an:
BLV Verlagsgesellschaft mbH • Postfach 40 03 20 • 80703 München
Telefon 089/12705-0 • Telefax 089/12705-543